미국 사람들이 가장 많이 쓰는

영어회화

코어 패턴 50

랭기지플러스

초판발행	2019년 10월 9일
초판 2쇄	2019년 12월 18일
저자	마스터유진
책임편집	이효리, 김효은, 양승주
펴낸이	엄태상
기획	이효종, 김성은
디자인	권진희
콘텐츠 제작	김선웅
마케팅	이승욱, 오원택, 전한나, 왕성석
온라인마케팅	김마선, 김제이, 조인선
경영기획	마정인, 조성근, 최성훈, 김다미, 전태준, 오희연
물류	유종선, 정종진, 윤덕현, 신승진
펴낸곳	랭기지플러스
주소	서울시 종로구 자하문로 300 시사빌딩
주문 및 교재문의	1588-1582
팩스	(02)3671-0500
홈페이지	http://www.sisabooks.com
이메일	book_english@sisadream.com
등록일자	2000년 8월 17일
등록번호	제1-2718호

ISBN   978-89-5518-687-1(13740)

⬡ PROLOGUE

안녕하세요, 마스터유진입니다.

패턴은 많습니다. 정말 징그럽게 많습니다. 그리고 만들어 내기도 쉽습니다. 예를 들어, 동사와 전치사를 엮어 하나의 패턴을 만들어 보겠습니다.

예) bump into (명사) = (명사)와 우연히 마주치다

이렇게 만들기 시작하면 세상에 존재하는 패턴은 셀 수도 없이 많겠죠.

'두 단어, 세 단어를 합치면 패턴이 됩니다. 자, 아시겠죠?' → 참 성의 없는 말입니다.

bump into는 참 좋은 덩어리 표현이지만 '우연히 마주쳤다'란 말을 과연 우리가 대화 내에서 하루에 몇 번이나 쓸까요? 덩어리 표현은 말 그대로 표현일 뿐입니다. 코어 패턴이 아닙니다.

마스터유진이 정의하는 진정한 코어 패턴:

'문장의 기본 뼈대를 구성하고 사용 빈도가 높아, 그 어떤 표현을 탑재하더라도 응용 가능한 것'

본 교재에는 이런 뼈가 되는 코어 패턴이 담겨있습니다. (예외: 보너스 섹션) bump into 같은 맛깔나는 덩어리 표현을 쓰려 해도, 핵심 뼈대 위에 탑재하지 못하면 절대로 문장이 될 수 없습니다. 코어 패턴을 익혀 문장으로 말하는 사람과 아무 덩어리 표현이나 가져다 짜깁기해서 말하는 사람은 그 수준의 차이가 하늘과 땅입니다.

미국에서 오랜 시간을 1.5세 이민자로 살며, 수많은 학생들을 오프라인, 온라인으로 가르치고 TV와 라디오 방송 진행과 수많은 집필을 하면서 이해하게 된 결론은 하나입니다. '기본에 충실해야 쓸 수 있고, 쓸 수 있어야 말할 수 있고, 이를 반복하면 절대 실패하지 않는다.' 제가 확립한 패턴 중 정말 중요한 것들만 선별하여 여러분과 함께합니다.

교재 활용 100% 사용 설명서

학습 전 실력 점검 타임!

학습할 패턴을 내가 알고 있는지
미리 점검해 보세요. 틀려도 되니까
가볍게 시도해 보세요!

패턴을 입에 착! 예문 활용하기

사용법을 익혔다면 예문을 최소 세 번은
반복해서 읽어 보세요. 패턴이 저절로
입에 착! 붙습니다.

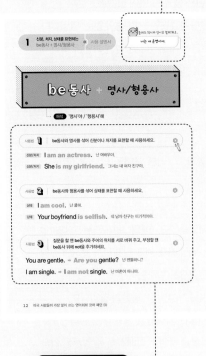

패턴 사용법 익히기

패턴을 무작정 외우는 방식은 이제
그만! 사용법을 정확히 익히면
이해가 쏙쏙, 입에서 술술~

찍으면 바로 나오는 원어민 발음!

원어민의 발음을 듣고 싶어하는
여러분을 위해 QR코드를 준비했습니다.
자신의 발음과 비교하며 들어 보세요!

내가 배운 패턴이 대화 속에!

대화를 따라 읽으며 내가 배운 패턴이
일상 속에서 어떻게 사용되는지
확인해 보세요.

배웠다면 확인 필수!

배운 내용을 확인하고 넘어가야
확실히 내 것이 되겠죠?
주어진 문장을 입으로 영작해 보세요.

대화 응용 영혼을 끌어 모아 연기하면 이 패턴은 당신의 것이에요.

Me	Do you have any sisters?
Mayu	Yeah, I have one younger sister. What's up?
Me	Is she cute?
Mayu	Well, she doesn't look like me at all.
Me	Thank God! Hook me up with her.
Mayu	I'm sorry. You're really not her type.

나 너 여동생 있어?
마유 어, 나 여동생 한 명 있어. 무슨 일인데?
나 걔 귀여워?
마유 음, 걔는 나랑 조금도 안 닮았어.
나 천만 다행이다! 나 좀 네 여동생이랑 연결해 줘.
마유 미안하다. 넌 진짜 걔 타입이 아니야.

퀴즈 여러분께 드리는 선물입니다. 우리발음 입으로 영작해 보세요.

① 난 슈퍼 모델이야. 🔊 〔 I am a supermodel. 〕
② 그의 이름은 Justin Timberlake야.
③ 우리 언니는 유명한 선생님이야.
④ 넌 내 남자 친구가 아니야.
⑤ 내가 네 여자 친구니?
⑥ 난 졸려. sleepy (졸린)
⑦ Olive는 게을러.
⑧ 넌 귀엽지 않아.
⑨ 마유는 웃겨. funny (웃긴)
⑩ 넌 또 배고프니?

마유의 발음 꿀팁!

single이란 단어는 미혼이거나 애인이 없다는 말인데 특이하게 형용사로도 쓰고 명사로도 씁니다. 더 특이한 건, 단수 명사는 없고 복수 명사만 있는다는 점이에요. 그러니까 '나는 single이다'라고 할 때는 주어인 '내'가 단수라서 복수 명사(singles)를 쓸 수 없으니까 아래와 같이 형용사를 써야 해요.
I am a single. (X) → I am single. (O)

상대방에게 물어볼 때도 Are you a single?이 아니라, Are you single?이라고 해야겠죠? 하지만 이런 민감한 질문은 분위기를 살피며 하셔야 합니다!

퀴즈 정답

2 – His name is Justin Timberlake.
3 – My sister is a famous teacher.
4 – You are not my boyfriend.
5 – Am I your girlfriend?
6 – I am sleepy.
7 – Olive is lazy.
8 – You are not cute.
9 – Mayu is funny.
10 – Are you hungry again?

이제 영어로 영작할 수 있나요.
You are my destiny.
너는 내 운명이야.

14 미국 사람들이 가장 많이 쓰는 영어회화 코어 패턴 50

죽어도 알아야 하는 코어 패턴 · be동사 + 명사/형용사 15

마유쌤이 엄선한 영어 꿀팁

영어 공부를 할 때 피가 되고 살이 되는
마유 선생님의 최강 꿀팁을 팍팍 드립니다.
꼼꼼히 읽어보고 활용해 보세요.

목차

I used to love sweets!

죽어도 알아야 하는 코어 패턴

I started eating
this candy yesterday!

마스터유진이 추천하는 사용 빈도 상위 패턴

I was shy at first.

단어 같다고 무시했다가는 망하는 패턴

목차

There's no way spring is already here!

문장만 추가하면 만사 오케이 패턴

I'm in love with BTS!

연애 잘하게 해주는 사랑 패턴

죽어도 알아야 하는
코어 패턴

1 신분, 처지, 상태를 표현하는
be동사 + **명사/형용사**

2 원래 하는 일을 표현하는
현재 동사

3 과거에 한 일을 표현하는
과거 동사

4 한때 하곤 했던 일을 표현하는
used to + **동사원형**

5 한창 하고 있는 일을 표현하는
be동사 ~ing

We are going to be
best friends.

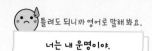

틀려도 되니까 영어로 말해 봐요.

너는 내 운명이야.

be동사 + 명사/형용사

해석 '명사'야 / '형용사'해

사용법 1 | be동사와 명사를 섞어 신분이나 처지를 표현할 때 사용하세요. ◎

신분/처지 **I am an actress**. 난 여배우야.

신분/처지 **She is my girlfriend**. 그녀는 내 여자 친구야.

사용법 2 | be동사와 형용사를 섞어 상태를 표현할 때 사용하세요. ◎

상태 **I am cool**. 난 쿨해.

상태 **Your boyfriend is selfish**. 네 남자 친구는 이기적이야.

사용법 3 | 질문을 할 땐 be동사와 주어의 위치를 서로 바꿔 주고, 부정할 땐 be동사 뒤에 not을 추가하세요. ◎

You are gentle. → **Are you** gentle? 넌 젠틀하니?

I am single. → **I am not** single. 난 미혼이 아니야.

원어민 발음 듣기

● **I am a flight attendant.**
난 승무원이야.

● **Her name is IU.**
그녀의 이름은 아이유야.

● **My brother is a model.**
우리 오빠는 모델이야.

● **You are not right.**
넌 틀렸어.

● **Am I your type?**
내가 네 타입이니?

I'm sentimental and hungry.

● **I am thirsty.**
난 목말라.

● **Amy is kind.**
Amy는 친절해.

● **You are not ugly.**
넌 못생기지 않았어.

● **Mayu is hungry again.**
마유는 또 배고프대.

● **Are we late again?**
우리 또 늦은 거니?

Me	Do you have any sisters?
Mayu	Yeah, I have one younger sister. What's up?
Me	**Is** she **cute**?
Mayu	Well, she doesn't look like me at all.
Me	Thank God! Hook me up with her.
Mayu	**I'm sorry**. You're really **not her type**.

나	너 여동생 있어?
마유	어, 나 여동생 한 명 있어. 무슨 일인데?
나	걔 귀여워?
마유	음, 걔는 나랑 조금도 안 닮았어.
나	천만 다행이다! 나 좀 네 여동생이랑 연결해 줘.
마유	미안하다. 넌 진짜 걔 타입이 아니야.

다 드릴게요. 제 모든 꿀팁을!

🎁 마유의 달콤 꿀팁!

single이란 단어는 미혼이거나 애인이 없다는 말인데 특이하게 형용사로도 쓰고 명사로도 씁니다. 더 특이한 건, 단수 명사는 없고 복수 명사만 있다는 점이에요. 그러니까 '나는 single이다'라고 할 때는 주어인 '나(I)'가 단수라서 복수 명사(singles)를 쓸 수 없으니까 아래와 같이 형용사로 써야 해요.

I am **a single**. (✗) ➜ I am **single**. (○)

상대방에게 물어볼 때도 Are you a single?이 아니라, Are you single?이라고 해야겠죠? 하지만 이런 민감한 질문은 분위기를 살피며 하셔야 합니다!

① 난 슈퍼 모델이야.　　I am a supermodel.

② 그의 이름은 Justin Timberlake야.

③ 우리 언니는 유명한 선생님이야.

④ 넌 내 남자 친구가 아니야.

⑤ 내가 네 여자 친구니?

⑥ 난 졸려.　sleepy (졸린)

⑦ Olive는 게을러.

⑧ 넌 귀엽지 않아.

⑨ 마유는 웃겨.　funny (웃긴)

⑩ 넌 또 배고프니?

퀴즈 정답

2 – His name is Justin Timberlake.

3 – My sister is a famous teacher.

4 – You are not my boyfriend.

5 – Am I your girlfriend?

6 – I am sleepy.

7 – Olive is lazy.

8 – You are not cute.

9 – Mayu is funny.

10 – Are you hungry again?

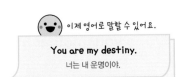

이제 영어로 말할 수 있어요.

You are my destiny.
너는 내 운명이야.

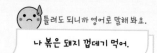

틀려도 되니까 영어로 말해 봐요.

나 볶은 돼지 껍데기 먹어.

2 원래 하는 일을 표현하는 현재 동사 ● 사용 설명서

현재 동사

해석 '현재 동사'한다

사용법 1 | 기존 사실 혹은 일반적 진리를 표현할 때 사용하세요.

기존 사실 I **live** in Korea. 난 한국에 살아.

일반적 진리 Humans **need** water. 인간들은 물이 필요해.

사용법 2 | 말하는 순간 당장엔 하고 있지 않더라도 원래 하는 행동을 표현할 때 사용하세요.

I **work** every day. 난 매일 일해.

> 말하는 순간에는 일하고 있지 않아도 원래는 매일 일함

I **wear** lenses. 난 렌즈를 착용해.

> 말하는 순간에는 렌즈를 착용하고 있지 않아도 원래는 착용함

사용법 3 | 부정할 땐 don't/doesn't 뒤에 동사원형을 쓰고 질문할 땐 Do/Does 뒤에 주어, 동사원형의 순서로 쓰세요.

I **don't eat** pork. 난 돼지고기를 안 먹어.

Does your mother **like** roses? 너희 어머니는 장미를 좋아하시니?

- I **study** English every day.
  난 영어를 매일 공부해.

- I **like** white dresses.
  난 흰 드레스들을 좋아해.

- My mother **speaks** Japanese.
  우리 어머니는 일본어를 하셔.

- My sister **goes** to college.
  우리 언니는 대학에 다녀.

- They **don't love** each other.
  그들은 서로를 사랑 안 해.

- I **don't drink** beer.
  난 맥주를 안 마셔.

- My cousin **doesn't wear** glasses.
  내 사촌은 안경을 안 써.

- Whales **live** in the sea.
  고래들은 바다에 살아.

- **Do** you **accept** cash?
  현금을 받으시나요?

- **Does** your son **know** me?
  당신의 아들이 절 아나요?

I'll be honest.
I don't like kids.

Me	**Do** you **like** pasta?
Mayu	I **eat** pasta but that's not my favorite.
Me	Then, what **do** you **like**?
Mayu	I **love** fried chicken.
Me	Everyone **loves** fried chicken.
Mayu	Fried or seasoned; that is the question.

나	너 파스타 좋아해?
마유	파스타 먹긴 하는데 가장 좋아하는 건 아니야.
나	그럼 뭘 좋아하는데?
마유	난 튀긴 닭을 사랑하지.
나	튀긴 닭은 모두가 사랑하지.
마유	후라이드냐 양념이냐. 그것이 문제로다.

다 드릴게요.
제 모든 꿀팁을!

 마유의 달콤 꿀팁!

가끔씩 동사 앞에 do를 넣는 걸 듣거나 볼 수 있지요?
I love you. → I **do** love you.

동사가 있는데 굳이 왜 do를 넣냐 하겠지만 동사를 강조하는 방법입니다. 말투는 '정말 ~해'
혹은 '~하긴 해' 정도가 될 수 있어요. (do/does/did 뒤에는 동사원형을 쓸 것) '넌 왜 남자 친
구가 없니?'란 질문에 I **do** have a boyfriend.라고 대답하면 '나 남자 친구 있긴 있어.' 정도의
느낌을 살려줄 수 있겠죠?

① 난 치킨은 주말마다 먹어. I eat chicken every weekend.

② 내 남자 친구는 노란 모자를 좋아해.

③ 우리 아버지는 프랑스어를 하셔.

④ 우리 딸은 고등학교에 다녀.

⑤ 그들은 서로를 싫어하지 않아.

⑥ 난 오렌지 주스를 안 마셔.

⑦ 우리 삼촌은 안경을 안 써.

⑧ 원숭이들은 야생에서 살아.
in the wild (야생에서)

⑨ 신용카드를 받으시나요?

⑩ 네 친구는 내 이름을 아니?

퀴즈 정답

2 – My boyfriend likes yellow hats.

3 – My father speaks French.

4 – My daughter goes to high school.

5 – They don't hate each other.

6 – I don't drink orange juice.

7 – My uncle doesn't wear glasses.

8 – Monkeys live in the wild.

9 – Do you accept credit cards?

10 – Does your friend know my name?

 이제 영어로 말할 수 있어요.

I eat fried pork skin.
나 볶은 돼지 껍데기 먹어.

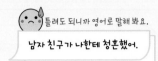

틀려도 되니까 영어로 말해 봐요.
남자 친구가 나한테 청혼했어.

과거 동사

해석 '과거 동사'했다

사용법 1 과거에 한 행동을 표현할 때 쓰세요.

I **bought** new sneakers. 난 새 운동화를 샀어.

My boyfriend **lied** to me. 내 남자 친구는 내게 거짓말을 했어.

사용법 2 과거에 벌어진 사건을 표현할 때도 쓰세요.

The accident **happened** in New York City.
그 사고는 뉴욕시에서 벌어졌어.

My phone **fell** in the toilet. 내 전화기가 변기에 빠졌어.

사용법 3 부정할 땐 didn't 뒤에 동사원형을 쓰고, 질문할 땐 Did 뒤에 주어, 동사원형의 순서로 쓰세요.

I **wore** jeans. ➜ I **didn't wear** jeans. 난 청바지를 안 입었어.

She **drank** beer. ➜ **Did** she **drink** beer? 그녀는 맥주를 마셨니?

원어민 발음 듣기

- I **bought** a diamond ring.
  난 다이아몬드 반지를 샀어.

- They **fired** Kelly.
  그들은 Kelly를 해고했어.

- He **turned off** his phone.
  그는 그의 전화기를 껐어.

- The tree **fell down**.
  그 나무가 쓰러졌어.

- We **laughed** hard.
  우린 크게 웃었어.

- I **didn't see** you.
  난 널 못 봤어.

- Perry **didn't propose** to me.
  Perry는 나한테 청혼 안 했어.

- **Did** you **get up** early?
  너 일찍 일어났니?

- **Did** Ryan **call** you last night?
  Ryan이 어젯밤에 너에게 전화했니?

- **Did** they **work** on the weekend?
  그들은 주말에 일했니?

I quit my job! Yay!

Me	I **had** a blind date yesterday.
Mayu	Oh, nice! **Did** it **go** well?
Me	Well… To be honest, it **didn't go** well. I **forgot** my wallet and she **paid** for the lunch.
Mayu	Well… That's not too bad.
Me	Here's the worst part. I **farted** in front of her.

나	나 어제 소개팅 나갔어.
마유	오, 대박! 잘 됐어?
나	음… 솔직히, 잘 안 됐어. 내가 지갑을 잊어서 그 애가 점심을 냈어.
마유	뭐… 그렇게 나쁘진 않네.
나	최악은 이거야. 걔 앞에서 방귀를 꼈다는 거.

 마유의 달콤 꿀팁!

다 드릴게요. 제 모든 꿀팁을!

didn't를 did not으로 쓰면 안 했다는 걸 더욱 강조할 수 있습니다. 이건 현재형도 마찬가지입니다. don't보단 do not이 훨씬 강한 부정의 느낌이 나죠. 예를 들어 I didn't eat your chicken.이 '나 네 치킨 안 먹었어.' 정도라면 I **did not** eat your chicken.은 '나 네 치킨 안.먹.었.거.든!'의 느낌이랄까요?

마지막으로, didn't를 발음할 땐 '디든트'처럼 딱딱하게 발음하지 말고 '디른ㅌ'처럼 부드럽게 하는 걸 추천합니다. di에 강세를 주면 쉽게 할 수 있습니다.

① 난 은목걸이를 샀어.   I **bought** a silver necklace.

② 그들은 Jessica를 고용했어. hire (고용하다)

③ 그는 TV를 켰어.

④ 그 버스가 멈췄어.

⑤ 우린 함께 울었어.

⑥ 난 네 가방을 못 봤어.

⑦ Eddie는 나한테 전화 안 했어.

⑧ 넌 점심 먹었니?

⑨ Grace가 널 도와줬니?

⑩ 그가 널 밀었니?

🔒 **퀴즈 정답**

2 – They hired Jessica.

3 – He turned on the TV.

4 – The bus stopped.

5 – We cried together.

6 – I didn't see your bag.

7 – Eddie didn't call me.

8 – Did you have lunch?

9 – Did Grace help you?

10 – Did he push you?

 이제 영어로 말할 수 있어요.

My boyfriend proposed to me.
남자 친구가 나한테 청혼했어.

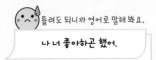
틀려도 되니까 영어로 말해 봐요.
나 너 좋아하곤 했어.

used to + 동사원형

해석 '동사원형'하곤 했다

Tip 과거에만 했지 현재에는 하지 않음

사용법 1 단순히 과거 사건에 집중할 땐 과거 동사를 쓰세요.
(be동사든 일반 동사든)

I **was** happy with you. 난 너와 행복했어.

I **moved** to San Diego last year. 난 작년에 San Diego로 이사했어.

사용법 2 과거의 일이긴 하지만 더 이상 하지 않는다는 걸 같이 강조할 땐
used to를 쓰세요.

I **used to have** a girlfriend. 난 여자 친구가 있곤 했어.
 더 이상 없다는 의미를 같이 강조

She **used to wear** makeup. 그녀는 화장을 하고 다니곤 했어.
 더 이상 안 한다는 의미를 같이 강조

사용법 3 동사원형 자리에 be동사를 사용할 수도 있습니다.

I **used to be** chubby. 난 통통했었어.

Juliet **used to be** a model. Juliet은 모델이었어.

원어민 발음 듣기

- I **used to cry** every day.
  난 매일 울곤 했어.

- We **used to fight** every day.
  우린 매일 싸우곤 했어.

- Peter **used to eat** a lot.
  Peter는 많이 먹곤 했어.

- My mom **used to work** in Manhattan.
  우리 엄마는 맨해튼에서 일하곤 했어.

- My son **used to send** me flowers.
  우리 아들은 내게 꽃을 보내곤 했어.

I used to love sweets!

- I **used to be** skinny.
  난 말랐었어.

- My dad **used to be** strict.
  우리 아빠는 엄격하셨었어.

- My boyfriend **used to be** gentle.
  내 남자 친구는 젠틀했었어.

- We **used to be** best friends.
  우린 가장 친한 친구였어.

- Black **used to be** my favorite color.
  검정은 내가 가장 좋아하는 색이었어.

Me	How did you lose weight?
Mayu	I'm basically eating less. I **used to eat** 5 times a day.
Me	Come on. 5 times a day is nothing.
Mayu	That's not all. I **used to drink** soda every day.
Me	Oh, that's not good. I'm glad you don't do that anymore.

나	너 살 어떻게 뺀 거야?
마유	기본적으로는 좀 덜 먹고 있지. 하루에 다섯 끼를 먹곤 했거든.
나	왜 이래. 하루 다섯 끼 정도는 아무것도 아닌데.
마유	그게 다가 아니야. 탄산음료를 매일 마시곤 했어.
나	아, 그건 안 좋지. 그건 더 이상 안 해서 다행이네.

다 드릴게요.
제 모든 꿀팁을!

 마유의 달콤 꿀팁!

이번 팁은 정말 많이들 헷갈려 하시고 공감하실 거라 생각됩니다. 이 패턴 들어보셨죠?

be used to + ~ing ~하는 것에 익숙하다

이번에 훈련한 「used to + 동사원형」과 전혀 관련이 없습니다. '어떤 행동을 하는 것(~ing)에 너무 사용되어(used) 결국 익숙해져 버렸다'라고 생각하면 편합니다. 이 두 가지가 헷갈리는 가장 큰 이유는 뭐다? 네, 예문을 안 써 봐서 그렇습니다. 공식으로만 알다 보니 used to란 공통 단어만 떠오르게 되죠. 단어 하나를 외울 때도 문장으로 만들어 외우세요. 100배 오래갑니다. 아니, 1,000배.

① 난 매일 운동하곤 했어.  **I used to exercise** every day.

② 우린 Los Angeles에서 살곤 했어.

③ Jenna는 매일 아침에 달리곤 했어.

④ 우리 딸은 나랑 쇼핑하러 가곤 했어.

⑤ 내 친구들은 날 신데렐라라고 부르곤 했어.

⑥ 난 게을렀었어.

⑦ 우리 엄마는 민감하셨었어.
　　　　　　　　　━ sensitive (민감한)

⑧ 내 학생들은 수줍어했었어.

⑨ 그는 내 적이었어.
　　　　　━ enemy (적)

⑩ 이건 내가 가장 좋아하는 노래였어.

🔒 퀴즈 정답

2 – We used to live in Los Angeles.

3 – Jenna used to run every morning.

4 – My daughter used to go shopping with me.

5 – My friends used to call me Cinderella.

6 – I used to be lazy.

7 – My mom used to be sensitive.

8 – My students used to be shy.

9 – He used to be my enemy.

10 – This used to be my favorite song.

이제 영어로 말할 수 있어요.

I used to like you.
나 너 좋아하곤 했어.

5 한창 하고 있는 일을 표현하는 be동사 ~ing

● 사용 설명서

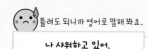

틀려도 되니까 영어로 말해 봐요.

나 샤워하고 있어.

be동사 ~ing

해석   '~ing'하고 있다

사용법 1   늦 하는 일이 아니라도 말하는 순간 한창 하고 있을 때 사용하세요.

I **am wearing** lenses.   난 렌즈를 착용하고 있어.

> 늘 렌즈를 착용하는 건 아니지만 말하는 순간에는 렌즈를 착용 중

She **is eating** salad.   그녀는 샐러드를 먹고 있어.

> 늘 샐러드를 먹는 건 아니지만 말하는 순간에는 샐러드를 먹는 중

사용법 2   과거의 한순간에 한창 하고 있었다면 be동사를 과거로 쓰세요.

I **was sleeping**.   난 자고 있었어.

We **were watching** a movie.   우린 영화를 보고 있었어.

사용법 3   부정할 땐 be동사 뒤에 **not**을 추가하고, 질문할 땐 be동사를 주어 앞으로 가져갑니다.

I **am not eating** anything.   난 아무것도 안 먹고 있어.

Are you **kidding**?   너 농담하고 있는 거야?

- **I am shopping.**

  나 쇼핑하고 있어.

- **Emily is studying for the exam.**

  Emily는 그 시험을 위해 공부 중이야.

- **He is looking at me.**

  그가 날 쳐다보고 있어.

- **They are hiring now.**

  그들은 지금 고용하고 있어.

- **I was driving.**

  난 운전하고 있었어.

- **We were walking together.**

  우린 같이 걷고 있었어.

I have a runny nose and I'm sneezing, too.

- **I am not lying.**

  난 거짓말하고 있는 게 아니야.

- **He is not telling me the truth.**

  그는 내게 진실을 말하고 있는 게 아니야.

- **Are you laughing at me?**

  넌 날 비웃고 있는 거야?

- **Were you taking a shower?**

  넌 샤워 중이었니?

Me	What are you doing?
Mayu	Oh, I am shopping online.
Me	Are you searching for my birthday gift?
Mayu	Oh... Well... Yeah... Of course I am!
Me	Why are you stuttering?
Mayu	I am not stuttering! I'm just... I have a cold.

나	자기 뭐하고 있어?
마유	아, 나 온라인에서 쇼핑하고 있어.
나	내 생일 선물 찾고 있는 거야?
마유	아… 음… 어… 물론 그러고 있지!
나	자기 왜 말을 더듬고 있는 거지?
마유	더듬고 있는 거 아냐! 그냥… 감기 걸렸어.

다 드릴게요.
제 모든 꿀팁을!

🎁 **마유의 달콤 꿀팁!**

진행형을 응용한 사용 빈도 높은 문장 몇 개 드리겠습니다. (암기해도 안 아까움)

- 쇼핑할 때 ➡ I'm just looking. 그냥 둘러보고 있는 거예요.
- 벌어지고 있는 상황을 믿기 싫을 때 ➡ This is not happening! 이럴 리 없어! / 이러면 안돼!
- 말하고 나서 멋쩍을 때 ➡ I'm just saying. 그냥 얘기하는 거야.
- 놀림 당해 기분 나쁠 때 ➡ Are you making fun of me? 나 놀리는 거니?
- 목표치에 가까워지고 있다고 응원할 때 ➡ You're getting there! 거의 다 왔어!

① 나 아메리카노 마시고 있어. 😮 **I am drinking** Americano.

② 내 남편은 실리콘 밸리에서 일하고 있어.

③ 그녀가 날 쳐다보고 있어.

④ 우리 여전히 일하고 있어.

⑤ 난 노래하고 있었어.

⑥ 우린 너에 대해 얘기하고 있었어.

⑦ 난 농담하고 있는 게 아니야.

⑧ 그는 우릴 도와주고 있지 않아.

⑨ 넌 손 씻고 있니?

⑩ 넌 여기서 춤추고 있었니?

🔒 퀴즈 정답

2 – My husband is working in Silicon Valley.

3 – She is looking at me.

4 – We are still working.

5 – I was singing.

6 – We were talking about you.

7 – I am not kidding.

8 – He is not helping us.

9 – Are you washing your hands?

10 – Were you dancing here?

😊 이제 영어로 말할 수 있어요.

I am taking a shower.
나 샤워하고 있어.

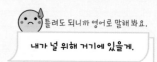

틀려도 되니까 영어로 말해 봐요.

내가 널 위해 거기에 있을게.

will + 동사원형

해석 '동사원형'할 거야[할게, 할래]

사용법 1 순간적인 의지를 표현할 때 사용하세요. 구체적인 사전 계획이 아니라 순간적 의지로 결정한 것만 전달합니다.

I will call you later. 내가 너한테 나중에 전화할게. ◀ 전화하려고 사전에 계획한 게 아니라 순간적으로 결정함

I'll buy this one. 난 이걸로 살래. ◀ 사려고 사전에 계획한 게 아니라 순간적으로 결정함

사용법 2 동사원형으로 be동사를 써도 됩니다.

I will be there. 내가 거기 있을게.

사용법 3 부정문으로 쓸 땐 will not 혹은 줄여서 won't로 쓰고, 질문을 할 때는 will과 주어의 위치를 바꿔 주세요.

We will not[won't] help them. 우린 그들을 안 도와줄 거야.

Will you join us? . 넌 우리와 합류할 거니?

원어민 발음 듣기

- I **will be** a good mom.

  난 좋은 엄마가 될 거야.

- I **will help** you later.

  내가 널 나중에 도와줄게.

- I**'ll do** that for you.

  내가 그거 해 줄게.

- We **will take** this class.

  우린 이 수업을 들을 거야.

- We**'ll come back** soon.

  우리 곧 돌아올게.

- We **will be** great parents.

  우린 좋은 부모가 될 거야.

- I **will not forgive** you.

  난 널 용서 안 할 거야.

- I **won't get married**.

  난 결혼 안 할래.

- **Will** you **show** me your picture?

  너 나한테 네 사진 보여 줄래?

- **Will** you **buy** these high heels?

  넌 이 하이힐 살 거니?

I will save the world.

Me	I don't know which skirt I should get.
Mayu	I think the white one looks better.
Me	Isn't it too short?
Mayu	How about this pink one, then?
Me	I don't like the color. It's too much. I'll just get this black one.

나	어느 치마를 사야 할지 모르겠네.
마유	하얀색이 더 나아 보이는 거 같은데.
나	너무 짧지 않아?
마유	그럼 이 분홍색은 어때?
나	색이 마음에 안 들어. 좀 오버야. 그냥 이 검은색 살래.

다 드릴게요.
제 모든 꿀팁을!

 마유의 달콤 꿀팁!

will은 보통 '나의' 의지 혹은 '우리의' 의지를 표현합니다.(주어가 I 혹은 We) 우리가 남의 순간
적인 의지를 100% 알 수는 없기 때문이죠. 주어가 They, He, She, It처럼 '나' 혹은 '우리'가
아닌 경우엔 남의 의지를 '막연히' 추측하는 표현이 됩니다.

They'll move soon. 그들은 곧 이사할 거야.
➡ 이사한다는 자세한 사전 정보 없이 '막연히' 추측해서 말함

It'll snow tomorrow. 내일 눈 올 거야.
➡ 눈 온다는 자세한 사전 정보 없이 흐린 하늘만 보고 '막연히' 추측해서 말함

① 난 좋은 아빠가 될 거야.　　I will be a good dad.

② 내가 너한테 내일 이메일을 보낼게.

③ 나 그거 곧 끝마칠게.

④ 우린 이태리에서 공부할 거야.

⑤ 우리 곧 떠날게.

⑥ 우린 좋은 파트너가 될 거야.

⑦ 난 네 이름을 잊지 않을 거야.

⑧ 난 포기 안 할 거야.

⑨ 너 오늘 밤에 돌아올 거야?

⑩ 넌 날 기다려 줄 거야?

퀴즈 정답

2 – I will email you tomorrow.

3 – I'll finish it soon.

4 – We will study in Italy.

5 – We'll leave soon.

6 – We will be good partners.

7 – I will not[won't] forget your name.

8 – I will not[won't] give up.

9 – Will you come back tonight?

10 – Will you wait for me?

 이제 영어로 말할 수 있어요.

I will be there for you.
내가 널 위해 거기에 있을게.

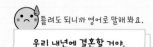
틀려도 되니까 영어로 말해 봐요.
우리 내년에 결혼할 거야.

be going to + 동사원형

해석 '동사원형'할 것이다

Tip will은 순간적인 의지, be going to는 계획한 일

사용법 **1** 순간적인 의지를 나타내는 **will**과 비교해서 익히세요. ⬡

I **will call** you later.
내가 너한테 나중에 전화할게.

> 사전에 전화하려는 계획이 있었던 게 아니라 순간적인 의지로 결정함

사용법 **2** be going to는 사전에 계획한 일을 이룰 것임을 표현합니다. ⬡

I **am going to call** you at 3.
내가 너한테 3시에 전화할게.

> 사전에 3시에 전화하려는 계획이 있었고 실제로 전화할 것임

We **are going to go shopping** tomorrow.
우린 내일 쇼핑하러 갈 거야.

> 사전에 내일 쇼핑할 계획이 있었고 실제로 쇼핑할 것임

사용법 **3** 회화체에서는 **going to**를 **gonna**(고너)라고 줄여서 많이 표현합니다. ⬡

I am **going to** see Angela. = I am **gonna** see Angela.
난 Angela를 볼 거야.

원어민 발음 듣기

- I **am going to move** to Seoul.
  난 서울로 이사할 거야.

- We **are going to get married** in May.
  우린 5월에 결혼할 거야.

- I **am going to get a haircut**.
  난 머리를 자를 거야.

- We **are going to be** in Hong Kong.
  우린 홍콩에 있을 거야.

- I **am going to wait** downstairs.
  난 아래층에서 기다릴 거야.

We are going to be best friends.

- I **am going to be** with my kids.
  난 내 아이들이랑 있을 거야.

- I **am not going to say** yes.
  난 허락 안 할 거야.

- We **are not going to drink** tonight.
  우린 오늘 밤엔 안 마실 거야.

- **Are** you **going to eat** this macaron?
  넌 이 마카롱을 먹을 거니?

- **Are** you **going to stay up** all night?
  넌 밤을 샐 거니?

Mayu	You know tomorrow is Valentine's Day, right? **Are** you **going to buy** something for your girlfriend?
Me	**I'm going to buy** a wireless mouse for her.
Mayu	Wow… How romantic…
Me	**I'm going to buy** extra batteries for her, too.
Mayu	Obviously, you have no idea what girls want.

마유	너 내일 밸런타인데이인 거 알지? 여자 친구한테 뭐 사줄 거야?
나	무선 마우스 사줄 거야.
마유	와… 참 로맨틱하셔라…
나	배터리도 추가로 사줄 거야.
마유	확실히 넌 여자들이 원하는 걸 모르네.

 마유의 달콤 꿀팁!

주어가 '나'와 '우리'가 아닐 경우 자세한 정보 없이 막연한 추측을 나타냈던 will과 달리 be going to는 자세한 사전 정보를 가지고 말하는 것을 의미입니다.

Mayu **is going to sell** his sports car. 마유는 그의 스포츠카를 팔 거야.
→ 이미 차를 팔 것이라는 자세한 사전 정보를 듣고 말함

They **are going to raise** the price. 그들은 그 가격을 올릴 거야.
→ 이미 올릴 것이라는 자세한 사전 정보를 듣고 말함

퀴즈 여러분께 드리는 선물입니다. 우리말을 입으로 영작해 보세요.

① 난 Beverly Hills로 이사할 거야. I am going to move to Beverly Hills.

② 우린 사업을 시작할 거야.

③ 난 새 치마를 살 거야.

④ 우린 토론토에 있을 거야.

⑤ 난 Teddy를 기다릴 거야.

⑥ 난 내 남편이랑 있을 거야.

⑦ 난 아니라고 말 안 할 거야.

⑧ 우린 아무것도 안 먹을 거야.

⑨ 넌 네 반지를 팔 거니?

⑩ 넌 일찍 일어날 거니?

🔓 **퀴즈 정답**

2 – We are going to start a business.

3 – I am going to buy a new skirt.

4 – We are going to be in Toronto.

5 – I am going to wait for Teddy.

6 – I am going to be with my husband.

7 – I am not going to say no.

8 – We are not going to eat anything.

9 – Are you going to sell your ring?

10 – Are you going to get up early?

 이제 영어로 말할 수 있어요.

We are going to get married next year.
우리 내년에 결혼할 거야.

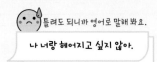

틀려도 되니까 영어로 말해 봐요.

나 너랑 헤어지고 싶지 않아.

want to + 동사원형

해석 '동사원형'하고 싶다

Tip want + 명사 / want to + 동사원형

사용법 1 | 명사를 원할 땐 단순히 **want** 뒤에 명사를 쓰세요.

I **want a one-piece dress**. 난 원피스를 원해.

Thomas **wants my attention**. Thomas는 내 관심을 원해.

사용법 2 | 어떤 행동을 하길 원할 땐 **want to** 뒤에 동사원형을 쓰세요.

I **want to buy** a one-piece dress. 난 원피스를 사고 싶어.

Thomas **wants to get** my attention. Thomas는 내 관심을 얻고 싶어 해.

사용법 3 | 회화체에선 **want to**를 wanna(워너)로 사용하기도 합니다.

I **want to** kiss you. = I **wanna** kiss you. 난 너에게 키스하고 싶어.

We **want to** go to the party. = We **wanna** go to the party.
우린 그 파티에 가고 싶어.

원어민 발음 듣기

- I **want to dump** my boyfriend.
  난 내 남자 친구를 차버리고 싶어.

- I **want to be** your husband.
  난 네 남편이 되고 싶어.

- She **wants to find** a new job.
  그녀는 새 직업을 찾고 싶어 해.

- I **wanted to marry** her.
  난 그녀와 결혼하고 싶었어.

- I don't **want to see** you again.
  난 널 다신 보고 싶지 않아.

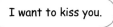

I want to kiss you.

- Lance doesn't **want to work** here.
  Lance는 여기서 일하고 싶어하지 않아.

- I didn't **want to go** to college.
  난 대학에 가고 싶지 않았어.

- Do you **want to try on** this jacket?
  이 재킷을 입어 보고 싶으신가요?

- Do you **want to be** my boyfriend?
  넌 내 남자 친구가 되고 싶니?

- Does she **want to stay** with us?
  그녀는 우리와 머물고 싶어 하니?

Mayu	What do you want for your birthday?
Me	I don't need a present. But I **want to go** somewhere romantic.
Mayu	Don't worry. I'm going to take you to a nice restaurant.
Me	I **want to do** something special, too.
Mayu	Don't worry. I've already bought musical tickets.

마유	자기는 생일 선물로 뭘 갖고 싶어?
나	선물은 필요 없어. 하지만 뭔가 로맨틱한 곳에 가고 싶어.
마유	걱정 마. 좋은 식당 데리고 갈 거니까.
나	뭔가 특별한 것도 하고 싶어.
마유	걱정 마. 벌써 뮤지컬 티켓도 샀으니까.

다 드릴게요. 제 모든 꿀팁을!

 마유의 달콤 꿀팁!

want to를 회화체에선 wanna로 자주 사용한다고 했죠? 단, 조건이 있어요. 이건 동사가 wants가 아니라 want일 경우에만 가능해요. 한마디로 주어가 3인칭 단수일 때는 쓸 수 없다는 말이지요.

He wanna / **She** wanna / **Mayu** wanna → 어색

그리고 wanna = want to인데 뒤에 명사가 오는 건 말도 안 되겠죠? wanna가 노래 가사 등에서 자주 나오다 보니 정말 많이 나오는 실수입니다. wanna 뒤에는 동사원형이 와야 합니다.

I **wanna** your love. = I **want to** your love. → 어색

① 난 감자튀김을 먹고 싶어.　　　I want to eat French fries.

② 난 쿨한 엄마가 되고 싶어.

③ Michael은 그의 일을 관두고 싶어 해.

④ 난 너에게 뭔가를 물어보고 싶었어.

⑤ 난 너와 다신 얘기하고 싶지 않아.

⑥ Tony는 공부하고 싶어 하지 않아.

⑦ 난 여기서 먹고 싶지 않았어.

⑧ 이 블라우스를 입어 보고 싶으신가요?

⑨ 넌 배우가 되고 싶니?

⑩ 그는 여기에 머물고 싶어 하니?

퀴즈 정답

2 – I want to be a cool mom.

3 – Michael wants to quit his job.

4 – I wanted to ask you something.

5 – I don't want to talk to you again.

6 – Tony doesn't want to study.

7 – I didn't want to eat here.

8 – Do you want to try on this blouse?

9 – Do you want to be an actor[actress]?

10 – Does he want to stay here?

 이제 영어로 말할 수 있어요.

I don't want to break up with you.
나 너랑 헤어지고 싶지 않아.

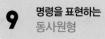

명령을 표현하는 동사원형 ● 사용 설명서

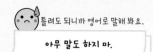

틀려도 되니까 영어로 말해 봐요.

아무 말도 하지 마.

동사원형

해석 '동사원형'해라

Tip 일반 동사는 동사원형, be동사는 Be로 문장 시작

사용법 1 | 문장이 동사원형으로만 되어 있거나 동사원형으로 시작하면 명령입니다. 명령이라고 해서 무조건 무례한 말투는 아닙니다.

Run! 달려!

Put your hands **up!** 손을 머리 위로!

사용법 2 | be동사로 명령할 수도 있습니다. (형용사와 함께)

Be happy. 행복해.

Be cool about it. 그 일에 대해 좀 쿨해져.

사용법 3 | 하지 말라고 명령할 땐 **Don't**으로 문장을 시작하세요.

Go. → **Don't** go. 가지 마.

Be stupid. → **Don't** be stupid. 멍청하게 굴지 마.

- **Go** home.
  집에 가.

- **Come back** to me.
  내게 돌아와.

- **Say** something!
  뭐라고 말 좀 해 봐!

- **Call** me later.
  나중에 전화해.

- **Be** quiet.
  조용히 해.

Eat me!

- **Be** nice to me.
  나한테 잘 해.

- **Be** there on time.
  거기 정시에 도착해.

- **Don't talk** to her.
  그녀와 얘기하지 마.

- **Don't answer** the phone.
  그 전화 받지 마.

- **Don't be** nervous.
  긴장하지 마.

Mayu	I have a blind date tomorrow. I'm so nervous.
Me	**Don't be** nervous. **Be** confident. **Smile** when you see her. **Don't tell** her stupid jokes. Girls hate them.
Mayu	OK. OK. I won't.
Me	You'll be fine. Good luck, boy!

마유	나 내일 소개팅 있어. 엄청 긴장돼.
나	긴장하지 마. 자신감을 가져. 그녀를 보면 미소를 지어. 바보 같은 농담은 하지 마. 여자들은 그런 거 싫어해.
마유	오케이. 오케이. 안 할게.
나	괜찮을 거야. 행운을 빈다, 이 녀석!

🎁 마유의 달콤 꿀팁!

다 드릴게요. 제 모든 꿀팁을!

하지 말라고 할 땐 Don't로 문장을 시작한다고 했는데 그것보다 강한 것은 Never(절대 아닌)입니다. 그런데 그것만큼 강력한 게 하나 더 있어요. 바로 Don't you라는 것이죠.(질문이 아님)

Don't eat my chicken. < **Never** eat my chicken. < **Don't you** eat my chicken.
내 치킨 먹지 마.　　　　절대 내 치킨 먹지 마.　　　절대 내 치킨 먹지 마.

심지어 더 강한 느낌을 주고 싶다? 그럴 땐 Don't / Never / Don't you 뒤에 ever를 추가하세요.

Don't ever call me again. / **Never ever** call me again. / **Don't you ever** call me again. 나한테 절대로 다시는 전화하지 마.

① 소리 질러!   **Scream!**

② 나중에 돌아와.

③ 내게 키스해 줘.

④ 살 빼.

⑤ 친절해라.

⑥ 네 여자 친구한테 젠틀하게 굴어.

⑦ 여기 정시에 도착해.

⑧ 날 건들지 마.   touch (건드리다)

⑨ 날 깨우지 마.

⑩ 늦지 마.

🔒 퀴즈 정답

2 – Come back later.

3 – Kiss me.

4 – Lose weight.

5 – Be kind.

6 – Be gentle to your girlfriend.

7 – Be here on time.

8 – Don't touch me.

9 – Don't wake me up.

10 – Don't be late.

이제 영어로 말할 수 있어요.

Don't say anything.
아무 말도 하지 마.

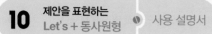

10 제안을 표현하는 Let's + 동사원형 ● 사용 설명서

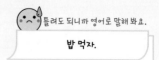

틀려도 되니까 영어로 말해 봐요.

밥 먹자.

Let's + **동사원형**

해석 '동사원형'하자

Tip Let's는 Let us의 축약형

사용법 1 | 상대방에게 같이 하자는 표현을 할 때 사용하세요.

Let's dance. 춤추자.

Let's go to Maroon 5's concert. Maroon 5의 콘서트에 가자.

사용법 2 | **Let's** 뒤에 **be동사**를 쓸 수도 있습니다.

Let's be honest. 솔직해지자.

Let's be cool about it. 그 일에 대해 쿨하게 굴자.

사용법 3 | 반대로 하지 말자고 할 땐 **Let's** 뒤에 **not**을 쓰세요.
(**Let's don't**이 아님)

Let's not fight. 싸우지 말자.

Let's not be mad. 화내지 말자.

원어민 발음 듣기

- **Let's go** home.
  집에 가자.

- **Let's try** again.
  다시 시도해 보자.

- **Let's eat** something spicy.
  뭔가 매운 걸 먹자.

- **Let's break up**.
  헤어지자.

Let's be friends.

- **Let's be** calm.
  침착해지자.

- **Let's be** nice to her.
  그녀에게 잘해주자.

- **Let's not stay** here.
  여기 머물지 말자.

- **Let's not waste** our time.
  우리 시간 낭비하지 말자.

- **Let's not talk** about it.
  그거에 대해 얘기하지 말자.

- **Let's not be** rude.
  무례하게 굴지 말자.

Mayu	I'm so bored.
Me	**Let's go shopping**!
Mayu	I don't have money.
Me	**Let's watch** a movie, then!
Mayu	**Let's not**. I don't like movies. You know what? I'm tired. **Let's** just **stay** home.

마유	나 엄청 심심해.
나	쇼핑하러 가자!
마유	나 돈 없어.
나	그럼 영화 보자!
마유	보지 말자. 나 영화 안 좋아해. 있잖아. 나 피곤해. 그냥 집에 있자.

마유의 달콤 꿀팁!

다 드릴게요.
제 모든 꿀팁을!

상대방에게 뭔가를 하자고 할 때 직설적으로 얘기하는 것보다 상대방의 의견을 고려하듯 물어
보는 것도 괜찮죠. 배려순으로 친다면 '해라! < 하자! < 하는 게 어때?' 정도입니다. 상대방을
배려해서 말하고 싶을 땐 「Why don't we + 동사원형?」이라는 아름다운 표현을 써 보세요.

Let's go home. 집에 가자. 〈 **Why don't we go** home? 우리 집에 가는 게 어때?

Let's try again. 다시 해 보자. 〈 **Why don't we try** again? 우리 다시 해 보는 게 어때?

발음 팁도 드리자면 Let's를 발음할 때 신경을 너무 안쓰고 발음해서 '레쓰'처럼 하는 경우가 많
은데 Le에 강세를 좀 더 주고 '렛ㅊ'에 가깝게 발음해 주세요. '레쓰 고!'는 뭔가 좀 아니잖아요.

① 카페에 가자.　　　 **Let's go** to a café.

② 같이 노래하자.

③ 뭔가 달콤한 걸 먹자.

④ 서로를 안아주자.

⑤ 친절해지자.

⑥ Harry에게 잘해주자.

⑦ 실수하지 말자.

⑧ 샐러드 먹지 말자.

⑨ 그거에 대해 생각하지 말자.

⑩ 슬퍼하지 말자.

퀴즈 정답

2 – Let's sing together.

3 – Let's eat something sweet.

4 – Let's hug each other.

5 – Let's be kind.

6 – Let's be nice to Harry.

7 – Let's not make a mistake.

8 – Let's not eat salad.

9 – Let's not think about it.

10 – Let's not be sad.

이제 영어로 말할 수 있어요.

Let's eat.
밥 먹자.

마스터유진이 추천하는
사용 빈도 상위 패턴

1
무언가 시작하는 걸 표현하는
start + ~ing

2
반복해서 계속 하는 걸 표현하는
keep + ~ing

3
하던 일을 멈추는 걸 표현하는
stop + ~ing

4
좋아하는 걸 표현하는
like + ~ing

5
뭘 하고 싶은 기분이 살짝 드는 걸 표현하는
feel like + ~ing

I started eating
this candy yesterday!

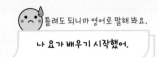

틀려도 되니까 영어로 말해 봐요.

나 요가 배우기 시작했어.

start + ~ing

해석 '~ing'하기 시작하다

사용법 1 | 명사와 함께 써서 그 명사를 시작한다고 표현할 때 사용하세요.

Let's **start the party**. 파티를 시작하자.

사용법 2 | 어떤 행동을 시작한다고 표현할 땐 **~ing**와 함께 사용하세요.

Let's **start working**. 일하기 시작하자.

Start being healthy! 건강해지기 시작하세요!

사용법 3 | **start** 대신 **begin**을 써도 의미는 비슷합니다.

I **began** exercising. 난 운동하는 걸 시작했어.

They **began** singing together. 그들은 같이 노래하기 시작했어.

원어민 발음 듣기

- **Start running.**
  달리기 시작해.

- I **started talking** to James.
  난 James와 얘기하기 시작했어.

- It **started raining.**
  비가 오기 시작했어.

- He **started laughing** again.
  그는 다시 웃기 시작했어.

- We are going to **start drinking** detox juice.
  우린 디톡스 주스를 마시기 시작할 거야.

- I want to **start making money.**
  난 돈 벌기를 시작하고 싶어.

- Let's **start working.**
  일하기 시작하자.

- Why did you **start eating** salad?
  넌 왜 샐러드를 먹기 시작했니?

- Why did you **start taking** this class?
  넌 왜 이 수업을 듣기 시작했니?

- When did you **start learning** Korean?
  넌 언제 한국어를 배우기 시작했니?

I started eating
this candy yesterday!

Mayu	You look so tired.
Me	Well, I **started taking** a Pilates class. My whole body is sore.
Mayu	When did you **start going** to the class?
Me	Today was my first day.
Mayu	No wonder.

마유	너 엄청 피곤해 보인다.
나	음, 나 필라테스 수업 듣기 시작했어. 온몸이 쑤셔.
마유	언제 그 수업에 가기 시작했는데?
나	오늘이 내 첫날이었어.
마유	그럴 만 하네.

다 드릴게요.
제 모든 꿀팁을!

 마유의 달콤 꿀팁!

이번엔 발음 팁입니다. start는 '스탈ㅌ'보단 차라리 '스딸ㅌ'에 가깝습니다. s 뒤에 t/p/k가 오면 된소리에 가깝게 발음되는 경향이 있습니다. 빠르게 발음해 보세요.

예) steak[스떼읔] / state[스떼잇] / spark[스빨ㅋ]

또한 start의 과거 started를 발음할 때는 t가 flap이란 현상을 겪게 되어 'ㄹ'과 비슷하게 발음합니다. ted가 '틷'이 아닌 '릳'같은 느낌이 나오게 되는데, 바로 앞에 있는 r을 고려해서 입을 조금 모아 발음해 보세요.

*flap 현상: 모음과 모음 사이에 t나 d의 발음이 약해지면서 마치 'ㄹ' 비슷하게 나는 현상

① 일하기 시작해. Start working.

② 내 아기가 걷기 시작했어.

③ 눈이 오기 시작했어.

④ 그는 방귀를 끼기 시작했어.

⑤ 움직이기 시작하자.

⑥ 난 돈을 모으기 시작하고 싶어.

⑦ 난 채소를 먹기 시작할 거야.

⑧ 넌 왜 일본어를 공부하기 시작했니?

⑨ 넌 왜 커피를 마시기 시작했니?

⑩ 그가 언제 여기에 오기 시작했니?

🔓 퀴즈 정답

2 – My baby started walking.

3 – It started snowing.

4 – He started farting.

5 – Let's start moving.

6 – I want to start saving money.

7 – I am going to start eating vegetables.

8 – Why did you start studying Japanese?

9 – Why did you start drinking coffee?

10 – When did he start coming here?

 이제 영어로 말할 수 있어요.

I started learning yoga.
나 요가 배우기 시작했어.

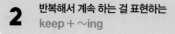

2 반복해서 계속 하는 걸 표현하는
keep + ~ing

사용 설명서

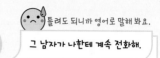
틀려도 되니까 영어로 말해 봐요.

그 남자가 나한테 계속 전화해.

해석 계속 '~ing'하다

사용법 **1** | 어떤 행동을 계속 반복한다고 표현할 때 사용하세요.

That customer **keeps complaining**. 저 손님이 계속 불평을 해.

Let's **keep trying**. 계속 시도해 보자.

사용법 **2** | 이런 의미의 keep은 진행형으로 쓸 수 없습니다. **keep**의 의미가
'계속'이다 보니 자기도 모르게 진행형을 쓰는 실수가 빈번합니다.

He is keeping burping. (×)

→ He **keeps burping**. (○) 그가 계속 트림해.

사용법 **3** | **keep**의 과거형은 **kept**임에 주의하세요.

She keeped crying. (×)

→ She **kept crying**. (○) 그녀는 계속 울었어.

원어민 발음 듣기

- **Keep asking** me questions.
  내게 계속 질문해.

- **Keep pressing** this button.
  이 버튼을 계속 눌러.

- I **keep forgetting** his name.
  난 계속 그의 이름을 잊어.

- He **keeps calling** me honey.
  그가 계속 날 자기라고 불러.

- My hair **keeps falling out**.
  내 머리가 계속 빠져.

- I **kept sneezing**.
  난 계속 재채기했어.

- We **kept fighting**.
  우린 계속 싸웠어.

- She **kept calling** my boyfriend.
  그녀가 계속 내 남자 친구에게 전화했어.

- Does he **keep bothering** you?
  그가 널 계속 귀찮게 하니?

- Why do you **keep saying** that?
  넌 왜 계속 그런 말을 하니?

I should keep practicing.

Mayu	What's wrong? You look mad.
Me	I don't know why but my boyfriend **keeps checking** my phone. Does he think I'm cheating on him?
Mayu	Obviously, he doesn't trust you.
Me	He **keeps asking** me weird questions, too.
Mayu	You should warn him if he **keeps doing** that.

마유	무슨 문제야? 너 화나 보이는데.
나	왜인지는 모르겠는데 내 남자 친구가 계속 내 전화기를 확인해. 내가 자길 두고 바람 피우고 있다고 생각하나?
마유	걔가 널 못 믿는 게 확실하네.
나	나한테 계속 이상한 질문도 해.
마유	걔가 계속 그러면 경고하는 게 좋겠다.

다 드릴게요.
제 모든 꿀팁을!

🎁 **마유의 달콤 꿀팁!**

keep이란 단어는 뭔가를 유지한다는 의미입니다. 이걸 응용한 아름다운 표현들을 소개합니다.

- **Keep** it up! 계속 파이팅 해! ➡ 지금 잘하고 있으니 앞으로도 계속 잘하라고 응원할 때
- **Keep** your chin up. 힘내. / 용기를 잃지 마. ➡ 힘들어도 당당하게 버티라며 용기를 줄 때
- **Keep** an eye on my bag. 내 가방 좀 봐 줘. ➡ 화장실 등을 가야 하는데 중요한 물건이 있을 때
- **Keep** me posted. 계속 상황을 알려 줘. ➡ 어떤 상황에 대해 계속 업데이트해달라고 할 때
- **Keep** me company. 같이 있어 줘. ➡ 심심하거나 아프거나 외로울 때

① 계속 움직여. Keep moving.

② 이 동작을 계속 연습해.
→ move (동작)

③ 난 계속 그녀의 생일을 잊어.

④ 내 친구들이 계속 날 마유라고 불러.

⑤ 내 개가 계속 짖어. bark (짖다)

⑥ 난 계속 기침했어. cough (기침하다)

⑦ 우린 계속 넘어졌어.

⑧ Roy가 계속 내 여자 친구에게 전화했어.

⑨ 그녀가 계속 그런 말을 하니?

⑩ 너흰 왜 계속 싸우니?

🔒 **퀴즈 정답**

2 – Keep practicing this move.

3 – I keep forgetting her birthday.

4 – My friends keep calling me Mayu.

5 – My dog keeps barking.

6 – I kept coughing.

7 – We kept falling.

8 – Roy kept calling my girlfriend.

9 – Does she keep saying that?

10 – Why do you guys keep fighting?

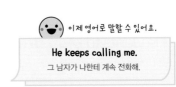
이제 영어로 말할 수 있어요.

He keeps calling me.
그 남자가 나한테 계속 전화해.

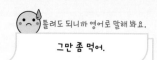
틀려도 되니까 영어로 말해 봐요.

그만 좀 먹어.

해석 '~ing'하는 걸 멈추다

사용법 **1** 이미 하고 있던 행동을 멈추는 걸 표현할 때 사용하세요. '그만 ~하다'처럼 자연스럽게 이해해도 좋습니다.

Stop annoying me. 나 좀 그만 귀찮게 해.

He **stopped staring** at me. 그는 날 쳐다보는 걸 멈췄어.

사용법 **2** stop 뒤에 be동사를 쓸 수도 있습니다.

Stop being silly. 그만 좀 실없게 굴어.

Can you **stop being** rude? 무례하게 구는 걸 그만 할 수 있겠니?

사용법 **3** stop 대신 quit을 쓰면 완전히 끝낸다는 느낌을 더 확실히 표현할 수 있습니다.

I **stopped smoking**. < I **quit smoking**. 난 담배 피우는 걸 끊었어.

He wants to **stop drinking**. < He wants to **quit drinking**.
그는 술을 끊고 싶어해.

- **Stop whining**!
  그만 징징대!

원어민 발음 듣기

- **Stop calling** me baby.
  날 자기라고 그만 불러.

- Let's **stop arguing**.
  말싸움 그만하자.

- The cat **stopped moving**.
  그 고양이는 움직이는 걸 멈췄어.

- The stalker **stopped calling** me.
  그 스토커는 내게 전화하는 걸 멈췄어.

- I want to **stop eating**.
  난 먹는 걸 멈추고 싶어.

- I will **stop bothering** you.
  널 그만 귀찮게 할게.

I can't stop playing this game.

- I can't **stop loving** you.
  난 널 사랑하는 걸 멈출 수가 없어.

- Did they **stop visiting** you?
  그들이 널 방문하는 걸 멈췄니?

- Can you **stop burping**?
  트림 좀 그만할 수 있겠니?

Mayu	Why am I gaining weight?
Me	Are you serious? You eat too much!
Mayu	Come on. Give me some advice.
Me	**Stop drinking** soda and start drinking water instead. You also have to **stop eating** junk food.
Mayu	That is not possible.

마유	내가 왜 살이 찌고 있는 걸까?
나	진심으로 말하는 거야? 너 너무 많이 먹잖아!
마유	왜 이래. 충고 좀 해 줘.
나	탄산음료 좀 그만 마시고 그 대신 물을 마시기 시작해. 너 정크 푸드도 그만 먹어야 돼.
마유	그건 가능하지 않아.

다 드릴게요.
제 모든 꿀팁을!

🎁 마유의 달콤 꿀팁!

stop은 이미 하던 것을 멈춘다는 의미입니다. 그럼 don't와 차이가 있을까요? don't는 아예 하지 않는다는 말입니다. 예시를 한번 보겠습니다.

I **didn't cry**. 난 안 울었어. VS I **stopped crying**. 난 우는 걸 멈췄어.

➡ 아예 울지 않은 것과 울다가 멈춘 건 확연히 다르죠?

하지만 don't와 stop의 경계가 모호해서 의미 전달에 큰 차이가 없는 경우도 많습니다.

Don't call me honey. 날 자기라고 부르지 마. VS **Stop calling** me honey. 날 자기라고 그만 불러.

➡ '자기'라는 말을 듣는 게 불편하다는 의미가 큰 차이 없이 전달되죠?

① 얘기 좀 그만해! Stop talking!

② 내게 그만 소리 질러.

③ 그만 먹자.

④ 그 개는 짖는 걸 멈췄어.

⑤ 우리 직장 상사가 미소 짓는 걸 멈췄어.

⑥ 난 치킨 먹는 걸 멈추고 싶어.

⑦ 내가 그만 불평할게.

⑧ 난 널 쳐다보는 걸 멈출 수가 없어.

⑨ 우린 커피 마시는 걸 멈출 수가 없어.

⑩ 노래 좀 그만할 수 있겠니?

퀴즈 정답

2 – Stop yelling at me.

3 – Let's stop eating.

4 – The dog stopped barking.

5 – My boss stopped smiling.

6 – I want to stop eating chicken.

7 – I will stop complaining.

8 – I can't stop looking at you.

9 – We can't stop drinking coffee.

10 – Can you stop singing?

이제 영어로 말할 수 있어요.

Stop eating.
그만 좀 먹어.

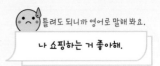
틀려도 되니까 영어로 말해 봐요.

나 쇼핑하는 거 좋아해.

like + ~ing

해석 '~ing'하는 걸 좋아하다

사용법 1 | 뭔가를 좋아한다고 표현할 때는 **like**를 명사와 함께 쓰세요.

I **like hip hop music**. 난 힙합 음악을 좋아해.

She **doesn't like rude guys**. 그녀는 무례한 남자들을 안 좋아해.

사용법 2 | 어떤 행동을 하는 걸 좋아한다고 표현할 땐 동사의 ing형과 쓰세요.

I **like making** hip hop music. 난 힙합 음악을 만드는 걸 좋아해.

I don't **like working** with my boss. 난 우리 상사랑 일하는 거 안 좋아해.

Do you **like shopping** online? 넌 온라인에서 쇼핑하는 걸 좋아하니?

사용법 3 | 즐긴다는 느낌을 주려면 **like** 대신 **enjoy**를 사용하세요. 물론 **like**를 써도 즐긴다는 느낌은 여전히 전달됩니다.

I **enjoy listening** to classical music. 난 클래식 음악을 듣는 걸 즐겨.

I **like listening** to classical music. 난 클래식 음악을 듣는 걸 좋아해.

원어민 발음 듣기

● I **like working out**.
난 운동하는 걸 좋아해.

● I **like wearing** high heels.
난 하이힐 신는 걸 좋아해.

● Judy **likes watching** TV dramas.
Judy는 TV 드라마 보는 걸 좋아해.

● My puppy **likes playing** with toys.
내 강아지는 장난감 가지고 노는 걸 좋아해.

● Hailey **enjoys taking selfies**.
Hailey는 셀카 찍는 걸 즐겨.

● I **enjoyed watching** the movie with you.
난 너랑 그 영화 보는 거 즐겼어.

● I don't **like going** out.
난 나가는 거 안 좋아해.

● He doesn't **like eating** salad.
그는 샐러드 먹는 걸 안 좋아해.

I like drinking milkshakes.

● Do you **like driving**?
넌 운전하는 걸 좋아하니?

● Does Matt **like taking a walk**?
Matt은 산책하는 걸 좋아하니?

Mayu	Do you have any plans for the weekend?
Me	Not yet. What's up?
Mayu	Let's go snowboarding, then.
Me	I actually like skiing.
Mayu	OK. Then, teach me how to ski.
Me	My boyfriend can teach you. He's a good skier.

마유	너 주말에 약속 있어?
나	아직 없어. 무슨 일인데?
마유	그럼 스노보드 타러 가자.
나	나 사실 스키 타는 거 좋아해.
마유	알겠어. 그럼 나한테 스키 타는 법 가르쳐 줘.
나	내 남자 친구가 널 가르쳐 줄 수 있어. 스키를 잘 타거든.

다 드릴게요.
제 모든 꿀팁을!

🎁 마유의 달콤 꿀팁!

'좋아하다(like)'보다 더욱 강력한 게 있으니, 그건 바로 '사랑하다(love)'입니다. 다행히 요즘엔 뭔가를 엄청 좋아한다고 할 때 '애정한다'라는 표현을 쓰기도 해서 이해하기 어렵지는 않을 것 같습니다.

I like playing video games. < I love playing video games.

또한, '안 좋아하다(don't like / dislike)'보다 더욱 강력한 게 있으니, 그건 hate(싫어하다)입니다.

I don't like talking on the phone. < I hate talking on the phone.

마지막으로 dislike(싫어하다)란 단어는 실제로 회화체에서 자주 쓰는 편은 아니니 참고하세요.

① 난 요리하는 걸 좋아해. I like cooking.

② 난 스키니 진 입는 걸 좋아해.

③ Wendy는 무서운 영화 보는 걸 좋아해.

④ 내 아들은 축구하는 걸 좋아해.

⑤ Julia는 커피 마시는 걸 즐겨.

⑥ 난 너랑 노는 걸 즐겼어.

⑦ 난 공부하는 걸 안 좋아해.

⑧ 내 여자 친구는 마시는 걸 안 좋아해.

⑨ 넌 달리는 걸 좋아하니?

⑩ 너희 엄마는 차 마시는 걸 좋아하시니?

퀴즈 정답

2 – I like wearing skinny jeans.

3 – Wendy likes watching scary movies.

4 – My son likes playing soccer.

5 – Julia enjoys drinking coffee.

6 – I enjoyed hanging out with you.

7 – I don't like studying.

8 – My girlfriend doesn't like drinking.

9 – Do you like running?

10 – Does your mom like drinking tea?

 이제 영어로 말할 수 있어요.

I like shopping.
나 쇼핑하는 거 좋아해.

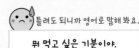

feel like + ~ing

해석 : '~ing'하고 싶은 기분이다

Tip : want to보다는 강도와 진지함이 약함

사용법 **1** : **feel like**는 뭔가를 하고 싶은 기분이 든다는 정도를 표현할 때 사용하세요. 예를 들어, 특정한 음식이 당길 때 정도에 사용하면 좋습니다. 사용 빈도는 굉장히 높습니다.

I **feel like eating** something. 나 뭔가 먹고 싶은 기분이 들어.

We **felt like crying**. 우린 울고 싶은 기분이 들었어.

사용법 **2** : 진지하게 원하는 상황에서는 **want to**가 더욱 어울립니다.

I **feel like** becoming a doctor. 난 의사가 되고 싶은 기분이야.

→ I **want to** become a doctor. 난 의사가 되고 싶어.

원어민 발음 듣기

- I feel like eating some ice cream.
  난 아이스크림을 먹고 싶은 기분이야.

- I feel like taking a nap.
  난 낮잠을 자고 싶은 기분이야.

- We feel like going to the beach.
  우린 해변에 가고 싶은 기분이야.

- Do you feel like eating something sweet?
  넌 뭔가 달콤한 걸 먹고 싶은 기분이니?

- He felt like giving up.
  그는 포기하고 싶은 기분이 들었어.

- I don't feel like talking to you.
  난 너랑 얘기하고 싶은 기분이 아니야.

- We don't feel like going shopping.
  우린 쇼핑 가고 싶은 기분이 아니야.

I feel like disappearing
sometimes.

- I didn't feel like seeing my boyfriend.
  난 내 남자 친구를 보고 싶은 기분이 아니었어.

- I felt like running away.
  난 도망가고 싶은 기분이 들었어.

- Do you feel like taking a walk?
  넌 산책하고 싶은 기분이 드니?

Mayu	You've been ignoring my phone calls. What's wrong?
Me	I **don't feel like talking** to you.
Mayu	Did I do something wrong? I'll come over and see you.
Me	No. I **don't feel like seeing** you, either.
Mayu	Let's go out and eat something. Then, we'll talk.
Me	No, I **don't feel like eating**, either.

마유	내 전화를 계속 무시하네. 왜 그러는 거야?
나	나 너랑 얘기하고 싶은 기분 아니야.
마유	내가 뭐 잘못한 거야? 잠깐 들러서 너 좀 볼게.
나	아냐. 널 보고 싶은 기분도 아니야.
마유	나가서 뭐 먹자. 그러고 나서 얘기하자.
나	아니, 뭐 먹고 싶은 기분도 아니야.

다 드릴게요.
제 모든 꿀팁을!

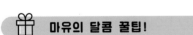

마유의 달콤 꿀팁!

뭔가를 하고 싶다고 말하는 표현이 굉장히 많습니다. 좀 구분해서 알려 드릴게요.

- be eager to + 동사원형 = '동사원형'하기를 갈망하다 ➜ 형식적 / 원하는 강도: 매우 강함
- be dying to + 동사원형 = '동사원형'하고 싶어 죽겠다 ➜ 캐주얼 / 원하는 강도: 매우 강함
- be itching to + 동사원형 = '동사원형'하고 싶어 근질거린다 ➜ 캐주얼 / 원하는 강도: 강함
- want to + 동사원형 = '동사원형'하고 싶다 ➜ 형식적 / 원하는 강도: 강함
- feel like + ~ing = '~ing'하고 싶은 기분이 든다 ➜ 캐주얼 / 원하는 강도: 보통

① 난 커피를 좀 마시고 싶은 기분이야.   **I feel like** drinking some coffee.

② 난 춤추고 싶은 기분이야.

③ 우린 소풍 가고 싶은 기분이야.
→ go on a picnic (소풍을 가다)

④ 우린 캐럴을 부르고 싶은 기분이 들었어.

⑤ 그는 모든 걸 포기하고 싶은 기분이었어.

⑥ 난 아무것도 먹고 싶은 기분이 아니야.

⑦ 우린 나가고 싶은 기분이 아니야.

⑧ 난 영화 보고 싶은 기분이 아니었어.

⑨ 넌 뭔가 매운 걸 먹고 싶은 기분이니?

⑩ 넌 비디오 게임을 하고 싶은 기분이 드니?

🔒 **퀴즈 정답**

2 – I feel like dancing.

3 – We feel like going on a picnic.

4 – We felt like singing a carol.

5 – He felt like giving up everything.

6 – I don't feel like eating anything.

7 – We don't feel like going out.

8 – I didn't feel like watching a movie.

9 – Do you feel like eating something spicy?

10 – Do you feel like playing a video game?

 이제 영어로 말할 수 있어요.

I feel like eating something.
뭐 먹고 싶은 기분이야.

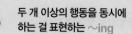 사용 설명서

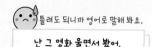

~ing

> **해석** '~ing'하며

사용법 1 동시에 하는 행동을 표현할 때 가장 단순한 방법은 and를 사용하는 것
인데 **at the same time**(동시에)을 넣어 좀 더 동시성을 추가합니다.

I watched the movie and laughed. 난 그 영화를 봤고 웃었어.

I watched the movie and laughed at the same time.
난 영화를 보고 동시에 웃었어.

사용법 2 하지만 뭔가 매끄럽지 못하다면 **~ing**가 실력 발휘를 합니다.

I watched the movie laughing constantly.
난 계속 웃으면서 그 영화를 봤어.

She fixed the computer using her screwdriver.
그녀는 드라이버를 사용하며 그 컴퓨터를 고쳤어.

사용법 3 두 개 이상의 행동을 나타낼 때도 사용하세요.

I watched the movie laughing and crying.
난 웃고 울며 그 영화를 봤어.

원어민 발음 듣기

- I watched the show **laughing** so hard.
  난 그 쇼를 엄청 웃으며 봤어.

- He answered **nodding** his head.
  그는 그의 고개를 끄덕이며 대답했어.

- Kris sang the song **crying** so hard.
  Kris는 엄청 울며 그 노래를 불렀어.

- She answered the phone **doing** her makeup.
  그녀는 화장을 하며 전화를 받았어.

- I am fixing my phone **using** a special tool.
  난 특별한 도구를 사용하며 내 전화기를 고치고 있어.

- She is dancing **moving** her body.
  그녀는 몸을 움직이며 춤추고 있어.

- He is sleeping **snoring** loudly.
  그는 크게 코골며 잠을 자고 있어.

  > I had to walk smiling for the camera.

- I cried **feeling** so lonely.
  난 엄청 외롭다고 느끼며 울었어.

- Did you eat it **using** my fork?
  넌 그걸 내 포크를 사용하며 먹었니?

- Did you drink it **using** my straw?
  넌 그걸 내 빨대를 사용하며 마셨니?

Mayu	I heard you went clubbing with Jenny.
Me	Yeah, we had so much fun! We spent hours there **laughing** and **dancing**.
Mayu	I guess you guys had a good time without me.
Me	Hey… Are you mad?
Mayu	No, I'm not mad. I had fun **watching** movies all night. All by myself!

마유	너 Jenny랑 클럽 갔었다면서.
나	응, 엄청 재미있었어! 웃고 춤추며 몇 시간을 거기 있었지.
마유	너희 나 없이 재미있었나 보다.
나	야… 화났어?
마유	아니, 화 안났어. 나도 밤새 영화 보며 재미있었어. 완전 혼자!

다 드릴게요.
제 모든 꿀팁을!

 마유의 달콤 꿀팁!

사실 '~ing'로 동시에 하는 행동을 표현하는 건 while이 생략된 것이라 볼 수 있습니다. 「while + ~ing」('~ing'하는 와중에)라는 패턴도 있거든요.

Don't drive **while eating** something. 뭔가를 먹는 와중에 운전하지 마.

I can't focus **while listening** to music. 난 음악을 듣는 와중엔 집중을 못해.

'~ing'와 마찬가지로 앞뒤로 주어는 같아야 합니다.

I sneezed **while drinking** water. 나는 물을 마시는 와중에 재채기를 했다.

➡ 재채기한 것도 나고 물을 마신 것도 나임

퀴즈

여러분께 드리는 선물입니다. 우리말을 입으로 영작해 보세요.

① 난 미소를 지으며 그를 바라봤어.　　I looked at him **smiling**.

② 그녀는 그녀의 고개를 저으며 대답했어.
　　　　　　　▸ shake one's head (고개를 젓다)

③ Mayu는 웃으며 TV를 봤어.

④ 그녀는 '여보세요'라고 말하며 전화를 받았어.

⑤ 난 엄청 슬프다고 느끼며 울었어.

⑥ 그녀는 팔을 움직이며 춤추고 있어.

⑦ 그는 이를 갈며 잠을 자고 있어.
　　　　　　　▸ grind one's teeth (이를 갈다)

⑧ 난 수저를 사용하며 내 마우스를 고치고 있어.

⑨ 넌 이 펜을 사용하며 그 문을 열었니? unlock (열다)

⑩ 넌 얼음을 사용하며 이걸 만들었니?

🔒 퀴즈 정답

2 – She answered shaking her head.

3 – Mayu watched TV laughing.

4 – She answered the phone saying hello.

5 – I cried feeling so sad.

6 – She is dancing moving her arms.

7 – He is sleeping grinding his teeth.

8 – I am fixing my mouse using a spoon.

9 – Did you unlock the door using this pen?

10 – Did you make this using ice?

이제 영어로 말할 수 있어요.

I watched the movie crying.
난 그 영화 울면서 봤어.

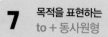
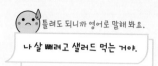
틀려도 되니까 영어로 말해 봐요.

나 살 빼려고 샐러드 먹는 거야.

to + 동사원형

해석 '동사원형'하기 위해

Tip '~하려고'라고 해석하는 게 더욱 자연스럽기도 함

사용법 1 | 어떤 행동을 '왜' 하는지 그 목적을 표현할 때 사용하세요.

I was born **to love** you. 난 널 사랑하려고 태어났어.

I moved to LA **to be** with her. 난 그녀와 함께 있으려고 LA로 이사했어.

사용법 2 | 반대로 '~하지 않기 위해'라고 하려면 to 앞에 **not**을 추가합니다.

Be careful **not to fall**. 넘어지지 않기 위해 조심해.

사용법 3 | 조금 더 형식적인 **in order to**도 같은 의미로 사용합니다.

We invested our time **in order to make** money.
우린 돈을 벌기 위해 시간을 투자했어.

원어민 발음 듣기

- I moved to New York to find a job.
  난 직업을 찾기 위해 뉴욕으로 이사했어.

- He left early to pick up his son.
  그는 그의 아들을 태우러 가려고 일찍 떠났어.

- We are running to burn calories.
  우린 칼로리를 태우기 위해 달리고 있어.

- Peter is trying to get a promotion.
  Peter는 승진하기 위해 노력하고 있어.

- I am going to see her to propose to her.
  난 그녀에게 청혼하기 위해 그녀를 볼 거야.

- They work out every day not to gain weight.
  그들은 살찌지 않기 위해 매일 운동해.

- I studied hard not to fail the test.
  난 그 시험에 낙제하지 않기 위해 열심히 공부했어.

I'm trying to warm up.

- I want to go out to eat.
  난 먹기 위해 나가고 싶어.

- Did you go to Seoul to visit her?
  넌 그녀를 방문하기 위해 서울에 갔니?

- Did you leave me to marry John?
  넌 John과 결혼하기 위해 날 떠났니?

Mayu	Why are you eating salad?
Me	I'm on a diet. I'm trying **to lose** at least 10kg.
Mayu	Then, why are you eating fried chicken with that?
Me	I need protein **to maintain** muscle.
Mayu	Oh! I never thought of it that way.

마유	왜 샐러드를 먹고 있는 거야?
나	나 다이어트 중이야. 적어도 10kg을 빼려고 노력 중이지.
마유	그럼 왜 그거랑 튀긴 닭을 같이 먹고 있는 건데?
나	근육을 유지하기 위해선 단백질이 필요하다고.
마유	오! 그걸 그런 식으로는 생각 안 해 봤네.

다 드릴게요.
제 모든 꿀팁을!

 마유의 달콤 꿀팁!

not to를 쓰면 '~하지 않으려고'란 뜻이 됐죠? 그럼 다음 문장 두 개를 비교해 보세요.

a. I tried **not** to laugh. 난 웃지 않으려고 노력했어.

b. I **didn't** try to laugh. 난 웃으려고 노력한 게 아니야.

➡ a는 웃지 않으려고 노력함을 강조, b는 웃으려 노력한 게 아니었음을 강조하고 있습니다.

a. I'm trying **not** to gain weight. 난 살찌지 않기 위해 노력 중이야.

b. I'm **not** trying to gain weight. 난 살찌기 위해 노력하고 있는 게 아니야.

➡ a는 살찌지 않으려고 노력함을 강조, b는 살찌려고 노력하는 게 아님을 강조하고 있습니다.

① 난 지방을 태우기 위해 걸었어.   I walked **to burn** fat.

② 그녀는 사업을 시작하기 위해 그녀의 일을 관뒀어.

③ 우린 집에 가려고 버스를 탔어.

④ Wendy는 근육을 기르기 위해 운동하고 있어.
└─▶ build (기르다)

⑤ 난 여행하기 위해 차를 사고 싶어.

⑥ 우린 영어를 마스터하기 위해 이 수업을 들을 거야.

⑦ 난 울지 않으려고 노력 중이야.

⑧ Harry는 실패하지 않으려고 최선을 다했어.
└─▶ do one's best (최선을 다하다)

⑨ 넌 집을 사려고 돈을 모으고 있니?

⑩ 넌 자려고 집에 갔니?

퀴즈 정답

2 – She quit her job to start a business.

3 – We took a bus to go home.

4 – Wendy is working out to build muscle.

5 – I want to buy a car to travel.

6 – We are going to take this class to master English.

7 – I am trying not to cry.

8 – Harry did his best not to fail.

9 – Are you saving money to buy a house?

10 – Did you go home to sleep?

 이제 영어로 말할 수 있어요.

I am eating salad to lose weight.
나 살 빼려고 샐러드 먹는 거야.

틀려도 되니까 영어로 말해 봐요.
개한테 전화해 보는 게 어때?

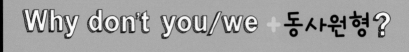

Why don't you/we + 동사원형?

해석 너/우리 '동사원형'하는 게 어때?

사용법 1 상대방에게 질문하듯 제안, 추천할 때 사용하세요. 상대방에게 일방적으로 제안할 땐 주어를 **you**로 씁니다.

Why don't you get married? 너 결혼하는 게 어때?

Why don't you wear this chiffon blouse?
너 이 쉬폰 블라우스를 입는 게 어때?

사용법 2 함께하자고 제안할 땐 주어를 **we**로 씁니다.

Why don't we get married? 우리 결혼하는 게 어때?

Why don't we wear the same shirts? 우리 같은 셔츠 입는 게 어때?

사용법 3 동사원형 자리에 **be**동사를 써도 좋습니다.

Why don't you be nice to me? 너 나한테 착하게 구는 게 어때?

Why don't we be quiet? 우리 조용히 하는 게 어때?

- **Why don't you go** home?
  너 집에 가는 게 어때?

원어민 발음 듣기

- **Why don't you get a haircut**?
  너 머리 자르는 게 어때?

- **Why don't you study** with Mayu?
  너 마유랑 공부하는 게 어때?

- **Why don't we go** to the beach?
  우리 해변에 가는 게 어때?

- **Why don't we hang out** tonight?
  우리 오늘 밤에 노는 게 어때?

- **Why don't you wear** something warm?
  너 뭔가 따뜻한 걸 입는 게 어때?

- **Why don't we become** friends?
  우리 친구가 되는 게 어때?

Why don't you give me some work?

- **Why don't you be** gentle?
  너 신사답게 구는 게 어때?

- **Why don't you join** us?
  너 우리랑 함께하는 게 어때?

- **Why don't we visit** your parents?
  우리 너희 부모님을 방문하는 게 어때?

Mayu	I'm tired of eating ramyun every day.
Me	**Why don't you eat** something different?
Mayu	I'm a terrible cook.
Me	**Why don't you learn** how to cook, then?
Mayu	You know how lazy I am.
Me	Then, stop complaining.

마유	매일 라면만 먹는 게 지겨워.
나	뭔가 다른 걸 먹어 보는 게 어때?
마유	나 요리 엄청 못해.
나	그럼 요리하는 법을 배우는 게 어때?
마유	너 나 얼마나 게으른지 알잖아.
나	그럼 불평 그만해.

다 드릴게요.
제 모든 꿀팁을!

마유의 달콤 꿀팁!

「Why don't you/we + 동사원형?」은 조금 간접적으로 돌려 제안하는 느낌입니다. 주어가 we일 경우, 뭔가를 하자고 좀더 직설적으로 말하려면 전에 배운 let's를 쓰면 되겠죠?

Why don't we work out together? ＜ **Let's work** out together.

간단하게 「How about ~ing?」를 써도 좋습니다. 이건 주어를 넣지 않기 때문에 일방적인 제 안이 될 수도, 같이 하자는 제안이 될 수도 있어요.

How about sharing this food with them? 그들과 이 음식을 나누는 게 어때?

① 너 집으로 돌아오는 게 어때? **Why don't you come back home?**

② 너 새 재킷 사는 게 어때?

③ 너 네 남자 친구랑 결혼하는 게 어때?

④ 우리 프랑스로 가는 게 어때?

⑤ 우리 Olivia랑 노는 게 어때?
  └➤ hang out (놀다)

⑥ 너 친절해지는 게 어때?

⑦ 너 모델이 되는 게 어때?

⑧ 너 뭔가 쿨한 걸 입는 게 어때?

⑨ 너 우리랑 일하는 게 어때?

⑩ 우리 너희 할머니를 방문하는 게 어때?

퀴즈 정답

2 – Why don't you buy a new jacket?

3 – Why don't you marry your boyfriend?

4 – Why don't we go to France?

5 – Why don't we hang out with Olivia?

6 – Why don't you be kind?

7 – Why don't you become a model?

8 – Why don't you wear something cool?

9 – Why don't you work with us?

10 – Why don't we visit your grandmother?

 이제 영어로 말할 수 있어요.

Why don't you call her/him?
걔한테 전화해 보는 게 어때?

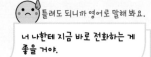

had better + 동사원형

해석 '동사원형'하는 게 좋을 거다

Tip had는 보통 주어와 합쳐 사용하고 (특히, 대명사일 경우) 'd의 발음은 매우 약화됨 (I had better ➡ I'd better)

사용법 1 had better는 거의 경고 수준의 강한 충고입니다. 남에게 충고할 수 도, 스스로 다짐할 수도 있습니다.

You **had better call** me right now. 너 나한테 당장 전화하는 게 좋을 거야.

I **had better leave** before 6. 나는 6시 전에 떠나는 게 좋을 거야.

사용법 2 had better 뒤에 be동사를 쓸 수도 있습니다.

You **had better be** honest. 너 솔직하게 구는 게 좋을 거야.

사용법 3 반대로 '~하지 않는 게 좋을 거다'라고 할 땐 had better 뒤에 not 을 추가하세요.

You **had better not** call my daughter.
너 내 딸에게 전화하지 않는 게 좋을 거야.

원어민 발음 듣기

- **You'd better wake me up.**
  너 날 깨우는 게 좋을 거야.

- **He'd better remember my birthday.**
  그는 내 생일을 기억하는 게 좋을 거야.

- **We'd better hurry.**
  우린 서두르는 게 좋을 거야.

- **You'd better be quiet.**
  너 조용히 하는 게 좋을 거야.

- **He'd better be nice to me.**
  그는 내게 잘해주는 게 좋을 거야.

You'd better call me back, honey.

- **She'd better be on time.**
  그녀는 제시간에 오는 게 좋을 거야.

- **You'd better not lie again.**
  너 다신 거짓말 하지 않는 게 좋을 거야.

- **They'd better not fall asleep.**
  그들은 잠들지 않는 게 좋을 거야.

- **You'd better not be late.**
  너 늦지 않는 게 좋을 거야.

- **She'd better not be rude.**
  그녀는 무례하게 굴지 않는 게 좋을 거야.

Me	What time are you coming back?
Mayu	I'll be busy tonight. Why?
Me	It's our anniversary!
Mayu	Oh, my God… I am so sorry. I totally forgot.
Me	You'**d better not come** home late. And you'**d better get** me something nice.

나	몇 시에 돌아와?
마유	나 오늘 밤에 바쁠 거야. 왜?
나	우리 기념일이잖아!
마유	오, 맙소사… 진짜 미안해. 나 완전 잊었어.
나	자기 집에 늦게 오지 않는 게 좋을 거야. 그리고 나한테 뭔가 좋은 걸 사 주는 게 좋을 거야.

다 드릴게요.
제 모든 꿀팁을!

🎁 마유의 달콤 꿀팁!

종종 원어민들마저 you'd better가 아닌 you better라고 쓰는 걸 볼 수 있습니다. 이건 명백한 에러입니다. 따라 하시면 안 됩니다. 심지어 그것이 에러인 것을 모르는 경우도 있습니다. 여러분만 맞게 쓰시면 됩니다.

had better가 강한 수준의 충고라고 했죠? 이것보다 조금 더 약하게 조언하려면 「might want to + 동사원형」이라는 패턴이 있습니다. '~하는 것도 괜찮을 거야' 정도의 느낌입니다.
You **might want to wear** a suit. 너 정장을 입는 것도 괜찮을 거야.
She **might want to leave** early. 그녀는 일찍 떠나는 것도 괜찮을 거야.

① 너 우릴 도와주는 게 좋을 거야.   You**'d better help** us.

② 그는 내 이름을 기억하는 게 좋을 거야.

③ 우린 지금 떠나는 게 좋을 거야.

④ 너 조심하는 게 좋을 거야.

⑤ 그는 그의 친구들을 데려오는 게 좋을 거야.

⑥ 그녀는 여기에 일찍 오는 게 좋을 거야.

⑦ 너 돌아오지 않는 게 좋을 거야.

⑧ 그들은 날 해고하지 않는 게 좋을 거야.
            fire (해고하다)

⑨ 너 Larry를 보지 않는 게 좋을 거야.

⑩ 그녀는 내 케이크를 먹지 않는 게 좋을 거야.

🔓 **퀴즈 정답**

2 – He'd better remember my name.

3 – We'd better leave now.

4 – You'd better be careful.

5 – He'd better bring his friends.

6 – She'd better come here early.

7 – You'd better not come back.

8 – They'd better not fire me.

9 – You'd better not see Larry.

10 – She'd better not eat my cake.

 이제 영어로 말할 수 있어요.

 You'd better call me right now.
너 나한테 지금 바로 전화하는 게 좋을 거야.

틀려도 되니까
영어로 말해 봐요.

자기가 날 떠나면 좋겠어.

want + 목적어 + to + 동사원형

┗ **해석** '목적어'가 '동사원형'하길 원하다

사용법 1 | **want to**는 어떤 행동을 하고 싶을 때 사용합니다. 이런 경우는 주어가 하고 싶은 행동입니다.

I **want to eat** something light. 나 좀 가벼운 거 먹고 싶어.

사용법 2 | 하지만 그 행동을 남이 해주길 원한다면 **want** 뒤에 목적어를 추가합니다.

I **want you to eat** something light. 난 네가 좀 가벼운 걸 먹으면 좋겠어.

She **wants me to be** with her. 그녀는 내가 그녀와 함께 하길 원해.

사용법 3 | 남이 그 행동을 하는 걸 원치 않는다면 **want** 앞에 **don't/doesn't/didn't**를 쓰세요.

I **don't want you to go**. 난 네가 가는 걸 원치 않아.

She **didn't want me to call** her.
그녀는 내가 그녀에게 전화하는 걸 원치 않았어.

원어민 발음 듣기

- I **want you to wash** your hands.
  난 네가 손을 씻길 원해.

- My parents **want me to go** to college.
  우리 부모님은 내가 대학에 가길 원해.

- Jenna **wants you to call** her.
  Jenna는 네가 그녀에게 전화하길 원해.

- I **want you to be** calm.
  난 네가 침착하면 좋겠어.

- We **didn't want him to be** a lawyer.
  우린 그가 변호사가 되는 걸 원치 않았어.

- I **wanted you to hug** me.
  난 네가 날 안아 주길 원했어.

- I **don't want you to leave** me.
  난 네가 날 떠나는 걸 원치 않아.

- My boss **doesn't want me to quit.**
  우리 상사는 내가 관두길 원치 않아.

- They **wanted me to stay**.
  그들은 내가 머물길 원했어.

- Do you **want me to follow** you?
  넌 내가 널 따라가길 원하니?

I want you to stop taking pictures and start eating.

Mayu	I'm sorry guys. I have to go.
Me	Again? No way! Our project is due tomorrow!
Mayu	I know but I already have plans.
Me	Are you kidding? No! We don't want you to go!
Mayu	OK. But you guys have to buy me dinner.
Me	Get out.

마유	미안하다. 얘들아. 나 가야 돼.
나	또? 절대 안 돼! 우리 프로젝트 내일까지야!
마유	아는데 이미 약속이 있단 말이야.
나	장난해? 안 돼! 우린 네가 가는 걸 원치 않아!
마유	알겠어. 하지만 너희가 나한테 저녁 사 줘야 돼.
나	나가.

다 드릴게요.
제 모든 꿀팁을!

🎁 **마유의 달콤 꿀팁!**

이번 패턴은 아예 대놓고 응용을 하라고 만들어진 패턴입니다.

- expect(기대하다)   Do you **expect** me **to help** you? 넌 내가 널 도와줄 거라고 기대하니?
- ask(부탁하다)   I **asked** him **to leave**. 난 그에게 떠나라고 부탁했어.
- force(강요하다)   Don't **force** me **to study**. 내게 공부하라고 강요하지 마.
- tell(시키다, 말하다)   I **told** you **to be** quiet! 내가 너한테 조용히 하라고 했잖아!

여러분, I don't want you to give up. I want you to master this book with me.

① 난 네가 영어를 마스터하길 원해.   **I want you to master** English.

② 우리 부모님은 내가 결혼하길 원해.

③ Ella는 네가 그녀에게 이메일을 보내길 원해.

④ 난 네가 쿨하길 원해.

⑤ 그들은 내가 널 고용하길 원했어.

⑥ 난 네가 날 도와주길 원했어.

⑦ 난 네가 까먹는 걸 원치 않아.

⑧ 내 아내는 내가 마시는 걸 원치 않아.

⑨ 우린 Jake가 디자이너가 되는 걸 원치 않았어.

⑩ 넌 내가 정장을 입길 원하니?

퀴즈 정답

2 – My parents want me to get married.

3 – Ella wants you to email her.

4 – I want you to be cool.

5 – They wanted me to hire you.

6 – I wanted you to help me.

7 – I don't want you to forget.

8 – My wife doesn't want me to drink.

9 – We didn't want Jake to be a designer.

10 – Do you want me to wear a suit?

 이제 영어로 말할 수 있어요.

I want you to leave me.
자기가 날 떠나면 좋겠어.

단어 같다고 무시 했다가는 망하는 패턴

1 '혹시'를 표현하는
possibly

2 '별로 아닌'을 표현하는
not really

3 '조금이라도'를 표현하는
at all

4 '적어도'를 표현하는
at least

5 '마찬가지로'를 표현하는
too/either

I'm not really pretty.
I am GORGEOUS!

6 '그렇지?'를 표현하는
right?

7 '사실상'을 표현하는
actually

8 '어차피'를 표현하는
anyway

9 '먼저'를 표현하는
first

10 '처음에는'을 표현하는
at first

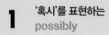

1 '혹시'를 표현하는
possibly

사용 설명서

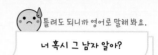
틀려도 되니까 영어로 말해 봐요.

너 혹시 그 남자 알아?

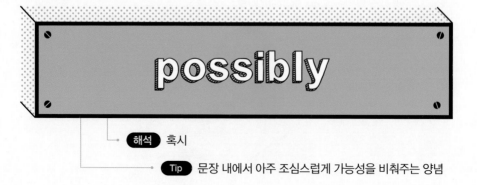

possibly

해석 혹시

Tip 문장 내에서 아주 조심스럽게 가능성을 비춰주는 양념

 1 possibly는 질문에서 특히 많이 쓰는데, 그럴 땐 우리말 '혹시'와 느낌이 비슷합니다. 일반적인 부사 자리에 넣어 사용하세요.

Do you know me? 너 나 아니?

➡ Do you **possibly** know me? 너 혹시 나 아니?

Can you help us? 너 우릴 도와줄 수 있니?

➡ Can you **possibly** help us? 너 혹시 우릴 도와줄 수 있니?

Are you Mayu? 당신은 마유인가요?

➡ Are you **possibly** Mayu? 당신이 혹시 마유인가요?

 2 평서문에서는 '어쩌면'과 느낌이 비슷합니다. 약한 추측이나 확신을 나타내는 might과 자주 묶어서 사용합니다.

Mayu knows the answer. 마유가 답을 알아.

➡ Mayu **might possibly** know the answer.
마유가 어쩌면 답을 알지도 몰라.

- Do you **possibly** eat cilantro?
  너 혹시 고수 먹니?

원어민 발음 듣기

- Do you **possibly** remember the password?
  너 혹시 그 비밀번호 기억하니?

- Does she **possibly** live in Paris?
  그녀는 혹시 파리에 사니?

- Do they **possibly** hire students?
  그들이 혹시 학생들을 고용하니?

- Did you **possibly** talk to the CEO?
  너 혹시 그 CEO랑 얘기했니?

- Can you **possibly** do this for me?
  너 혹시 날 위해 이걸 해 줄 수 있니?

> Do I possibly
> know you?

- Josh **might possibly** know you.
  Josh가 어쩌면 널 알지도 몰라.

- I **might possibly** fail the test.
  난 어쩌면 그 시험을 낙제할지도 몰라.

- He **might possibly** recognize me.
  그는 어쩌면 날 알아볼지도 몰라.

- The man **might possibly** be her dad.
  그 남자는 어쩌면 그녀의 아빠일지도 몰라.

Mayu	Excuse me.
Me	Huh?
Mayu	Have we **possibly** met before? You look very familiar to me.
Me	I… don't think so...?
Mayu	You look a lot like my future girlfriend.
Me	Back off or I'll call the police.

마유	실례합니다.
나	네?
마유	우리 혹시 전에 만난 적 있던가요? 그쪽 굉장히 낯이 익어서요.
나	아… 닌 거 같은데요?
마유	제 미래의 여자 친구와 닮으셨군요.
나	물러서지 않으면 경찰을 부르죠.

다 드릴게요.
제 모든 꿀팁을!

🎁 **마유의 달콤 꿀팁!**

possibly보다는 조금 더 길지만 by any chance란 표현이 있습니다. 의미는 같아도 이 표현은 질문에서만 사용합니다. 이것도 마찬가지로 부사 위치에 넣어주면 되지만, 깔끔하게 문장맨 뒤에 넣는 걸 추천할게요.

Do you possibly have $5 on you? 너 혹시 지금 5달러 가지고 있니?

= Do you, **by any chance**, have $5 on you?

= Do you have $5 on you **by any chance**?

① 너 혹시 돼지고기 먹니? Do you **possibly** eat pork?

② 너 혹시 내 이름 기억하니?

③ 그녀는 혹시 도쿄에 사니?

④ 그들이 혹시 재즈를 좋아하니?

⑤ 너 혹시 어젯밤에 나한테 전화했니?

⑥ 당신은 혹시 Jane의 아버지인가요?

⑦ 너 혹시 네 차를 옮겨 줄 수 있니?

⑧ 우리 부모님이 어쩌면 널 알지도 몰라.

⑨ 난 어쩌면 늦을지도 몰라.

⑩ 그는 어쩌면 그 열쇠를 가지고 있을지도 몰라.

퀴즈 정답

2 – Do you possibly remember my name?

3 – Does she possibly live in Tokyo?

4 – Do they possibly like jazz?

5 – Did you possibly call me last night?

6 – Are you possibly Jane's father?

7 – Can you possibly move your car?

8 – My parents might possibly know you.

9 – I might possibly be late.

10 – He might possibly have the key.

 이제 영어로 말할 수 있어요.

Do you possibly know him?
너 혹시 그 남자 알아?

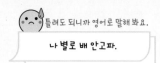

틀려도 되니까 영어로 말해 봐요.

나 별로 배 안고파.

not really

┗ **해석** 별로 아닌

사용법 1 | 문장에 **not**을 넣으면 **100%** 부정하는 것입니다.

You are **not** my type.   넌 내 타입이 아니야.

We **can't** drink beer.   우린 맥주를 못 마셔.

사용법 2 | 하지만 부정의 강도를 조금 줄여 주려면 not 뒤에 **really**를 쓰세요.   ◎

You are **not really** my type.   넌 별로 내 타입이 아니야.

I **don't really** like math.   난 수학을 별로 안 좋아해.

We **can't really** drink beer.   우린 맥주를 별로 못 마셔.

*don't/can't도 결국은 do not과 can not이므로 뒤에 really를 추가하면 됩니다.

사용법 3 | 시제를 바꿔도 마찬가지입니다.   ◎

I **didn't really** like the movie.   난 그 영화 별로 마음에 안 들었어.

원어민 발음 듣기

- I am **not really** sleepy.
  난 별로 안 졸려.

- Chris is **not really** my ideal type.
  Chris는 별로 내 이상형이 아니야.

- You are **not really** smart.
  넌 별로 안 똑똑해.

- I **don't really** enjoy classical music.
  난 별로 클래식 음악을 안 즐겨.

- We **don't really** talk to each other.
  우린 별로 서로 얘기 안 해.

- My coworker **didn't really** work yesterday.
  내 직장 동료는 어제 별로 일 안 했어.

- Kelly **didn't really** practice the pattern.
  Kelly는 별로 그 패턴을 연습 안 했어.

I'm not really pretty.
I am GORGEOUS!

- Sue **doesn't really** watch TV.
  Sue는 별로 TV를 안 봐.

- I **can't really** sing.
  난 별로 노래를 못 해.

- My husband **can't really** cook.
  내 남편은 별로 요리를 못 해.

Mayu	How did your blind date go?
Me	Well, he was really nice but…
Mayu	Let me guess. He **wasn't really** your type.
Me	Exactly. I **don't really** like guys who talk too much.
Mayu	How about my friend Andy? He's single.
Me	I guess I'm **not really** ready for a relationship.

마유	소개팅 어떻게 됐어?
나	음, 그 남자 정말 착하긴 했는데…
마유	맞혀볼게. 별로 네 타입이 아니었구나.
나	바로 그거야. 난 말 많은 남자들 별로 안 좋아해.
마유	내 친구 Andy는 어때? 걔 싱글인데.
나	난 연애할 준비가 별로 안 된 거 같아.

다 드릴게요.
제 모든 꿀팁을!

 마유의 달콤 꿀팁!

not really는 '별로 아닌'이라고 했습니다. 여기서 really와 not의 위치만 엇바꿔도 의미가 완전히 바뀌게 됩니다. '정말 아닌'이란 뜻으로 변하면서 엄청난 부정이 되죠.

- 살짝 약한 부정: You are **not really** my type. 넌 별로 내 타입이 아니야.
- 일반 부정: You are **not** my type. 넌 내 타입이 아니야.
- 강력한 부정: You are **really not** my type. 넌 정말 내 타입이 아니야.

음… 막상 들으면 기분 안 좋은 건 전부 마찬가지겠네요.

① 난 별로 안 피곤해. I am **not really** tired.

② 이 드레스는 별로 내 스타일이 아니야.

③ 너 별로 안 귀여워.

④ 난 별로 운전하는 걸 안 즐겨.

⑤ 우린 별로 서로를 안 봐.

⑥ Eddie는 별로 물을 안 마셔.

⑦ 우린 별로 많이 안 먹었어.

⑧ 내 룸메이트는 내 고양이를 별로 안 좋아했어.

⑨ 난 별로 춤을 못 춰.

⑩ 우리 아빠는 별로 요리를 못 해.

퀴즈 정답

2 – This dress is not really my style.

3 – You are not really cute.

4 – I don't really enjoy driving.

5 – We don't really see each other.

6 – Eddie doesn't really drink water.

7 – We didn't really eat much.

8 – My roommate didn't really like my cat.

9 – I can't really dance.

10 – My dad can't really cook.

 이제 영어로 말할 수 있어요.

I am not really hungry.
나 별로 배 안고파.

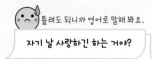

틀려도 되니까 영어로 말해 봐요.

자기 날 사랑하긴 하는 거야?

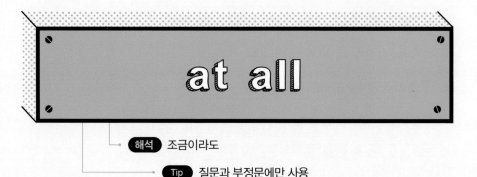

at all

해석 조금이라도

Tip 질문과 부정문에만 사용

사용법 1 문장 맨 뒤에 추가하여 '조금이라도'란 느낌을 나타낼 때 사용하세요. 질문의 예를 들어보겠습니다.

질문 Do you love me **at all**? 넌 날 조금이라도 사랑하니?

➡ **의역** 넌 날 사랑하긴 하는 거야?

질문 Are you hungry **at all**? 넌 조금이라도 배고프니?

➡ **의역** 너 배고프긴 하니?

질문 Can you walk **at all**? 넌 조금이라도 걸을 수 있니?

➡ **의역** 너 걸을 수 있긴 한 거니?

사용법 2 부정문의 예도 들어보겠습니다.

부정문 I don't like it **at all**. 난 그걸 조금도 좋아하지 않아.

➡ **의역** 난 그게 조금도 마음에 안 들어.

*부정문에 관해서는 마유의 팁에서 조금 더 깊게 들어가 보겠습니다.

원어민 발음 듣기

- **Do you study English at all?**
  넌 영어를 조금이라도 공부하니?

- **Do you eat anything at all?**
  넌 뭐라도 먹긴 하니?

- **Does your boyfriend call you at all?**
  네 남자 친구가 네게 전화하긴 하니?

- **Did you sleep at all?**
  넌 조금이라도 잤니?

- **Did she show up at all?**
  그녀는 나타나긴 했니?

- **I don't like your hairstyle at all.**
  난 네 헤어스타일이 조금도 마음에 안 들어.

- **Can you move your neck at all?**
  넌 네 목을 조금이라도 움직일 수 있니?

I didn't sleep at all last night.

- **Are you nervous at all?**
  넌 조금이라도 긴장했니?

- **Were you surprised at all?**
  넌 놀라긴 했니?

- **You are not my type at all.**
  넌 조금도 내 타입이 아니야.

Me	Why don't you major in math?
Mayu	I'm not interested in math **at all**.
Me	How about science?
Mayu	I don't like science **at all**.
Me	Are you interested in anything **at all**?
Mayu	I'm interested in English. Who knows? I might become an English teacher one day.

나	넌 수학을 전공하는 게 어때?
마유	나 수학에 조금도 관심 없어.
나	과학은 어때?
마유	나 과학 조금도 안 좋아해.
나	너 뭐라도 관심이 있긴 한 거야?
마유	영어에 관심 있어. 누가 알겠어? 내가 언젠가 영어 선생님이 될 지.

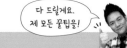

다 드릴게요.
제 모든 꿀팁을!

 마유의 달콤 꿀팁!

많은 분들이 학창시절 not at all은 '전혀'라는 뜻으로 암기하라고만 배우셨을 것입니다. 하지만, 그럼 at all은 무슨 뜻이냐고 물어보면 대부분 모른다고 대답합니다. 애당초 at all이 '조금이라도'라는 걸 먼저 배웠다면 그걸 not으로 부정한 것이 '조금도 아닌'인 걸 자동으로 알았을 것이고, 결국 그게 의역되어 '전혀 아닌'이 된다는 사실을 자연스럽게 익혔을 텐데요.

A: Do you love me **at all**? 날 조금이라도 사랑하니?
B: No, I **don't** love you **at all**. 아니, 널 조금도 안 사랑해. ➡ 의역 아니, 널 전혀 안 사랑해.

① 넌 조금이라도 운동하니? Do you exercise **at all**?

② 넌 조금이라도 화장을 하니?
　　　　　　　→ wear makeup (화장을 하다)

③ 네 남자 친구가 네 생일을 기억하긴 하니?

④ 넌 조금이라도 연습을 했니?

⑤ 그녀는 너에게 메시지하긴 했니?

⑥ 그들은 너에게 뭐라도 가르쳐 주긴 했니?

⑦ 넌 네 팔을 조금이라도 움직일 수 있니?

⑧ 넌 조금이라도 신나있니?

⑨ 그녀가 걱정하긴 했니?

⑩ 넌 조금이라도 자긴 할 거니?

퀴즈 정답

2 – Do you wear makeup at all?

3 – Does your boyfriend remember your birthday at all?

4 – Did you practice at all?

5 – Did she message you at all?

6 – Did they teach you anything at all?

7 – Can you move your arms at all?

8 – Are you excited at all?

9 – Was she worried at all?

10 – Are you going to sleep at all?

 이제 영어로 말할 수 있어요.

Do you love me at all?
자기 날 사랑하긴 하는 거야?

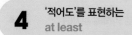
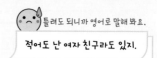
틀려도 되니까 영어로 말해 봐요.
적어도 난 여자 친구라도 있지.

at least

> **해석** 적어도

사용법 1 문장 전체에 영향을 주고 싶을 땐 문장의 맨 앞이나 맨 뒤에 사용하세요.

At least, I studied for the test.
적어도, 난 시험공부는 했어.

> at least를 문장 앞에 쓰면
> 쉼표(comma)를 추가함

I am smarter than you **at least.**
난 너보단 더 똑똑해 적어도.

> 이렇게 맨 뒤에 쓰면
> 쉼표(comma)가 필요 없음

사용법 2 특정 단어 앞에 써서 강조하기도 합니다.

I need **at least** 3 hours. 난 적어도 3시간이 필요해.

You have to drink **at least** 3 glasses of water.
넌 적어도 물 세 잔을 마셔야 해.

사용법 3 minimum이란 부사도 있는데, 이건 명사를 뒤에서 꾸며줄 때만 씁니다. 명사 바로 뒤에 쓰세요.

We need **at least** 3 people. 우리는 적어도 3명이 필요해.

= We need 3 people **minimum**.

원어민 발음 듣기

- **At least**, I have a boyfriend.

  적어도, 난 남자 친구가 있어.

- **At least**, you don't have to work tomorrow.

  적어도, 넌 내일 일 안 해도 되잖아.

- **At least**, he knows your name.

  적어도, 그는 네 이름을 알잖아.

- My car is fast **at least**.

  내 차는 빨라 적어도.

- They are **at least** happy.

  그들은 적어도 행복하지.

- I saw **at least** 30 people.

  난 적어도 30명을 봤어.

- I have to lose **at least** 5kg.

  난 적어도 5킬로그램을 빼야 해.

- We need **at least** 30 minutes.

  우린 적어도 30분이 필요해.

I need to take a nap for at least 24 hours.

- He drank **at least** 5 glasses.

  그는 적어도 5잔을 마셨어.

- I slept for **at least** 10 hours.

  난 적어도 10시간 동안 잤어.

Mayu	I'm so jealous of Chris.
Me	Why are you jealous of him?
Mayu	He has a nice car, a nice house, and even a beautiful wife. He's not like us. He has everything.
Me	What do you mean, 'us'? **At least**, I have a girlfriend.

마유	난 Chris한테 엄청 질투나.
나	걔가 왜 질투 나는데?
마유	차도 좋아, 집도 좋아, 심지어 아내 분도 아름답잖아. 우리 같지 않잖아. 다 가지고 있어 그냥.
나	'우리'라니 무슨 말이야? 적어도, 난 여자 친구가 있잖아.

 마유의 달콤 꿀팁!

at least도 at all과 마찬가지로 학창시절 많이 들어 보셨을 것 같습니다. 그렇다면 '적어도'의 정반대의 뜻을 가진 '아무리 많아도'는 어떻게 표현할까요? least의 반대가 most죠? 정답은 at (the) most(아무리 많아도, 기껏해야)입니다.

It will take 5 minutes **at the most**.   그건 기껏해야 5분 걸릴 거야.

I can eat 2 slices **at most**.   난 아무리 많아도 두 조각 밖에 못 먹어.

She is probably younger than me. 30 **at the most**.   걔는 아마 나보다 어릴 거야. 기껏해야 서른.

at least와 at most를 세트로 익혀주는 센스를 발휘해 주세요.

① 적어도, 난 인기가 있어. **At least**, I am popular.

② 적어도, 네 남자 친구는 젠틀하잖아.

③ 적어도, 넌 수학을 공부 안 해도 되잖아.

④ 적어도, 넌 알파벳을 알잖아.

⑤ 우리 상사는 쿨해 적어도.

⑥ Mark는 적어도 귀엽잖아.

⑦ 내 아들은 적어도 20킬로그램을 빼야 해.

⑧ 우린 적어도 100달러가 필요해.

⑨ 우리 아버지는 적어도 두 병을 마셨어.

⑩ 난 적어도 24시간을 잤어.

퀴즈 정답

2 – At least, your boyfriend is gentle.

3 – At least, you don't have to study math.

4 – At least, you know the alphabet.

5 – My boss is cool at least.

6 – Mark is at least cute.

7 – My son has to lose at least 20kg.

8 – We need at least $100.

9 – My father drank at least 2 bottles.

10 – I slept for at least 24 hours.

 이제 영어로 말할 수 있어요.

At least, I have a girlfriend.
적어도 난 여자 친구라도 있지.

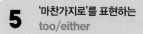

5 '마찬가지로'를 표현하는 too/either

사용 설명서

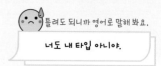

틀려도 되니까 영어로 말해 봐요.

너도 내 타입 아니야.

too/either

해석 마찬가지로

Tip 긍정문에는 too, 부정문에는 either

사용법 1 | **too**는 문장 뒤에 추가하여 마찬가지란 느낌을 줄 때 사용합니다.
글로 쓸 때는 쉼표(comma)와 함께 넣어 주세요.

I love you, **too**. 나도 널 사랑해.

It's your fault, **too**. 그건 네 잘못이기도 해.

사용법 2 | '역시 아님'을 표현하는 부정문에는 **either**를 사용하세요.

I **don't** like you, **either**. 나도 너 안 좋아해.

She **didn't** call me, **either**. 그녀는 내게 전화도 안 했어.

사용법 3 | **too**는 문장 중간에 삽입하는 경우도 종종 있습니다.

I, **too**, enjoy jazz. 나도 재즈를 즐겨.

She, **too**, had some fun. 그녀도 즐거운 시간을 보냈어.

원어민 발음 듣기

- I work here, **too**.
  저도 여기서 일해요.

- My girlfriend loves cocoa, **too**.
  내 여자 친구도 코코아를 사랑해.

- My sister is shy, **too**.
  내 여동생도 수줍어해.

- My parents are strict, **too**.
  우리 부모님도 엄격하셔.

- I used to make mistakes, **too**.
  나도 실수들을 하곤 했어.

- I **don't** like wearing a skirt, **either**.
  나도 치마 입는 걸 안 좋아해.

- I **don't** want to get married, **either**.
  나도 결혼하고 싶지 않아.

I miss you too, sweetie.

- You are **not** that smart, **either**.
  너도 그렇게 똑똑하진 않아.

- I **didn't** get a promotion, **either**.
  나도 승진 못했어.

- My boyfriend **doesn't** eat carrots, **either**.
  내 남자 친구도 당근을 안 먹어.

Mayu	My girlfriend is so cute.
Me	My girlfriend is cute, **too**.
Mayu	But your girlfriend doesn't love you.
Me	Your girlfriend doesn't love you, **either**.
Mayu	You're right. That's why I'm so sad.
Me	You know what? I'm sad, **too**.

마유	내 여자 친구 엄청 귀여워.
나	내 여자 친구도 귀엽거든?
마유	근데 네 여자 친구는 널 사랑하지 않잖아.
나	네 여자 친구도 널 사랑하지 않잖아.
마유	네 말이 맞아. 그래서 난 엄청 슬퍼.
나	그거 알아? 나도 슬퍼.

다 드릴게요.
제 모든 꿀팁을!

 마유의 달콤 꿀팁!

too와 비슷한 효과를 내는 also라는 표현이 있습니다. also는 보통 일반 동사 앞이나 be동사 뒤에 넣습니다.

I **also** like snowboarding and dancing. 나는 스노우보드랑 춤추는 것도 좋아해. ➡ 일반 동사의 앞
My wife is **also** a doctor. 내 부인도 의사야. ➡ be동사의 뒤

원어민들이 즐겨 쓰는 표현 중에 as well이란 것도 있어요. 이건 too처럼 문장 맨 뒤에 씁니다.

I bought some earrings **as well**. 난 귀걸이도 좀 샀어.
I have to finish my essay **as well**. 난 내 에세이들도 마쳐야 돼.

① 저도 여기 근처에서 살아요.　　I live around here, **too**.

② 내 딸도 K-pop을 사랑해.

③ 내 남동생도 게을러.

④ 내 친구들도 부자야.

⑤ 나도 매일 울곤 했어.

⑥ 나도 채소를 안 좋아해.

⑦ 내 남자 친구도 안 마셔.

⑧ 너도 그렇게 웃기진 않아.

⑨ 나도 환불 못 받았어.
　　└→ get a refund (환불 받다)

⑩ 나도 너 보고 싶지 않아.

퀴즈 정답

2 – My daughter loves K-pop, too.

3 – My brother is lazy, too.

4 – My friends are rich, too.

5 – I used to cry every day, too.

6 – I don't like vegetables, either.

7 – My boyfriend doesn't drink, either.

8 – You are not that funny, either.

9 – I didn't get a refund, either.

10 – I don't want to see you, either.

이제 영어로 말할 수 있어요.

You are not my type, either.
너도 내 타입 아니야.

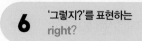

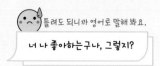
틀려도 되니까 영어로 말해 봐요.

너 나 좋아하는구나, 그렇지?

right?

└─ 해석 그렇지?

사용법 1 | 꽤나 확신에 찬 말투를 연출해 줍니다. 한국어의 '그렇지? 응? 맞지? 그렇구나?' 등등에 해당하는 표현을 할 때 사용하세요.

You like Mayu, **right?** 너 마유 좋아하는구나, 그렇지?

Chloe is your sister, **right?** Chloe가 네 여동생이지, 그렇지?

사용법 2 | 뭔가를 재차 확인하는 느낌을 연출하기도 합니다.

You're not going to eat this, **right?** 너 이거 안 먹을 거지, 그렇지?

You didn't touch my new shirt, **right?** 너 내 새 셔츠 안 만졌지, 그렇지?

사용법 3 | 질문 어순으로 쓰면 안 됩니다.

Do you like pizza, **right?** (×) → You like pizza, **right?** (○)

원어민 발음 듣기

- **You eat pork, right?**

  너 돼지고기 먹지, 그렇지?

- **You are enjoying this, right?**

  너 이거 즐기고 있구나, 그렇지?

- **I am pretty cool, right?**

  나 꽤 쿨하지, 그렇지?

- **You didn't wake her up, right?**

  너 걔 안 깨웠지, 그렇지?

- **You want to go to the beach, right?**

  너 해변가 가고 싶구나, 그렇지?

- **You are not mad at me, right?**

  너 나한테 화난 거 아니지, 그렇지?

- **You are not going to kick me out, right?**

  너 날 쫓아내지는 않을 거지, 그렇지?

- **They were not satisfied, right?**

  그들이 만족하지 않았구나, 그렇지?

- **You guys broke up, right?**

  너희 헤어졌구나, 그렇지?

- **You forgot again, right?**

  너 또 까먹었구나, 그렇지?

This brilliant idea is yours, right?

Me	Wait… Your hair looks different. It looks especially silky today.
Mayu	Well, I…
Me	Shhhh! Don't say anything! You got your hair treated, **right?**
Mayu	I just didn't wash it.

나	잠깐… 너 머리가 좀 달라 보이는데? 오늘따라 특히 부드러워 보여.
마유	음, 나…
나	쉿! 아무 말도 하지마! 너 머리 시술했구나, 그렇지?
마유	그냥 안 감았어.

🎁 **마유의 달콤 꿀팁!**

right과 비슷한 기능을 하는 표현이 있습니다. 영화나 미드에서 많이 들어 봤을 만한 말투인데요. 바로, huh?가 되겠습니다. right과는 달리, 사실을 재차 확인하는 느낌보다는 확신에 찬 말투만 전달합니다.

You have a girlfriend, **huh?** 너 여자 친구 있구나, 응?

You like my song, **huh?** 너 내 노래 마음에 드는구나, 응?

huh?는 가벼운 느낌을 많이 주기 때문에 진지한 상황이나 관계에서는 쓰지 마세요.

① 너 맥주 마시지, 그렇지?　　　 **You drink beer, right?**

② 너 내 말 듣고 있는 거지, 그렇지?

③ 이 노래 꽤 좋지, 그렇지?

④ 너 Emma한테 말 안 했지, 그렇지?

⑤ 그녀가 널 기억했구나, 그렇지?

⑥ 너 취한 거 아니지, 그렇지?

⑦ 내가 네 타입이 아니구나, 그렇지?

⑧ Annie가 안 왔구나, 그렇지?

⑨ 너 놀고 싶구나, 그렇지?

　　　　　　　→ hang out (놀다)

⑩ 너 A 받았구나, 그렇지?

퀴즈 정답

2 – You are listening to me, right?

3 – This song is pretty good, right?

4 – You didn't tell Emma, right?

5 – She remembered you, right?

6 – You are not drunk, right?

7 – I am not your type, right?

8 – Annie didn't come, right?

9 – You want to hang out, right?

10 – You got an A, right?

 이제 영어로 말할 수 있어요.

You like me, right?
너 나 좋아하는구나, 그렇지?

틀려도 되니까 영어로 말해 봐요.
나 사실 마유쌤이랑 친해.

actually

해석 사실상

사용법 1 문장의 맨 앞에 넣을 땐 쉼표(comma)와 함께 쓰세요. 모든 부사 자리에 쓸 수 있습니다.

Actually, we don't talk to each other.   사실, 우린 서로 대화 안 해.

I **actually** like this skirt better.   난 사실 이 치마가 더 마음에 들어.

She is not my friend **actually**.   그녀는 사실 내 친구가 아니야.

사용법 2 in fact와 as a matter of fact도 같은 뜻으로 많이 씁니다. 길어서 안 쓸 것 같지만, 실제 사용 빈도는 **actually**에 뒤지지 않습니다.

In fact, this café is quieter.   사실, 이 카페가 더 조용해.

As a matter of fact, I'm good at cooking.   사실, 난 요리 잘 해.

사용법 3 in fact와 as a matter of fact의 경우에는 문장 중간에 삽입할 수도 있는데 앞뒤로 쉼표(comma)를 찍어줍니다.

He is, **in fact**, my long-time colleague.   그는 사실 내 오래된 동료야.

They are, **as a matter of fact**, distant cousins.
그들은 사실 내 먼 사촌이야.

원어민 발음 듣기

- **Actually**, I don't have cash.
  사실, 난 현금이 없어.

- **Actually**, I already watched this movie.
  사실, 난 이미 이 영화를 봤어.

- **Actually**, I am not a princess.
  사실, 전 공주가 아니에요.

- I am **actually** Yuri's brother.
  난 사실 유리의 오빠야.

- John is **actually** pretty rich.
  John은 사실 꽤 부자야.

- Judy was **actually** here 5 minutes ago.
  Judy는 사실 5분 전에 여기 있었어.

- I am **actually** going to break up with Chris.
  난 사실 Chris와 헤어질 거야.

- We **actually** have insurance.
  저희는 사실 보험이 있어요.

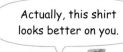

Actually, this shirt looks better on you.

- I **actually** forgot her name.
  난 사실 그녀의 이름을 까먹었어.

- Anna **actually** wants to go home.
  Anna는 사실 집에 가고 싶어해.

Mayu	I have something to tell you.
Me	What is it? You're scaring me...
Mayu	I want you to be my girlfriend.
Me	**Actually**, I already have a boyfriend.
Mayu	Come on! I know you're lying!
Me	**In fact**, we're getting married soon.

마유	너한테 할 말 있어.
나	뭔데? 겁나잖아…
마유	난 네가 내 여자 친구가 되면 좋겠어.
나	사실, 나 이미 남자 친구 있어.
마유	왜 이래! 거짓말하고 있는 거 안다고!
나	사실, 우리 곧 결혼해.

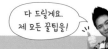

다 드릴게요.
제 모든 꿀팁을!

 마유의 달콤 꿀팁!

영화 『Love Actually』 보셨나요? actually에 강세를 제대로 주지 않으면 뭔가 로맨틱한 느낌이 떨어질 것 같습니다. ac쪽에 강세를 주고 발음해 보세요. '액츄얼리'보다는 '액슈얼리'처럼 뒤에 힘이 살짝 빠지면서 느낌이 제대로 살아납니다.

as a matter of fact라는 표현을 배웠죠? 굉장히 많이 쓰긴 하는데, 좀 길어서 많은 사람들이 as a 부분을 생략하는 경우가 많아요. 글로 쓸 때는 생략하지 않지만, 말로 할 땐 matter of fact처럼 하는 것도 연습해 보세요.

① 사실, 난 돈이 없어. **Actually**, I don't have money.

② 사실, 난 이미 먹었어.

③ 사실, 전 관심이 없어요.

④ 난 사실 Jerry의 여동생이야.

⑤ Tommy는 사실 꽤 쿨해.

⑥ Justin은 사실 30분 전에 여기 있었어.

⑦ 난 사실 New York으로 이사할 거야.

⑧ 저희는 사실 같이 일해요.

⑨ 난 사실 내 지갑을 잊었어.

⑩ Emily는 사실 너랑 얘기하고 싶어 해.

퀴즈 정답

2 – Actually, I already ate.

3 – Actually, I am not interested.

4 – I am actually Jerry's sister.

5 – Tommy is actually pretty cool.

6 – Justin was actually here 30 minutes ago.

7 – I am actually going to move to New York.

8 – We actually work together.

9 – I actually forgot my wallet.

10 – Emily actually wants to talk to you.

 이제 영어로 말할 수 있어요.

Actually, I am close to Mayu.
나 사실 마유쌤이랑 친해.

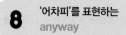

8 '어차피'를 표현하는 anyway • 사용 설명서

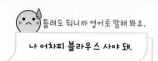

틀려도 되니까 영어로 말해 봐요.

나 어차피 블라우스 사야 돼.

해석 어차피

 사용법 1 anyway를 문장 앞에 쉼표(comma)와 함께 쓰면 '아무튼, 그나저나'란 뜻이 됩니다. 화제를 전환할 때 유용하게 사용하세요.

싸늘한 분위기에서 **Anyway**, I have to go. 아무튼, 나 가야 돼.

쇼핑 얘기를 하다가 **Anyway**, did James call you?

그나저나, James가 너한테 전화했어?

 사용법 2 anyway를 쉼표(comma) 없이 문장 맨 뒤에 넣으면 뜻이 달라집니다. 바로 '어차피'란 뜻이 됩니다. 이번 챕터의 주인공은 이것입니다.

I have to eat **anyway**. 나 어차피 먹어야 돼.

She has to drive there **anyway**. 그녀는 어차피 거기 운전해서 가야 돼.

We are moving soon **anyway**. 우린 어차피 곧 이사해.

 사용법 3 '무조건 상관없이'란 느낌으로도 사용하세요.

She was mad but I went to see her **anyway**.

그녀는 화나 있었지만 난 무조건 그녀를 보러 갔어.

원어민 발음 듣기

- **Anyway**, are you hungry?
  아무튼, 너 배고파?

- **Anyway**, I have to see Sue.
  아무튼, 난 Sue를 봐야 돼.

- **Anyway**, where is Jenna?
  그나저나, Jenna는 어디에 있어?

- I have to go shopping **anyway**.
  난 어차피 쇼핑하러 가야 돼.

- Perry has to take the test **anyway**.
  Perry는 어차피 그 시험 봐야 돼.

Wait for me.
I have to eat anyway.

- We need some water **anyway**.
  우린 어차피 물이 좀 필요해.

- I am leaving tomorrow **anyway**.
  난 어차피 내일 떠나야 돼.

- I am not interested in him **anyway**.
  난 어차피 그에게 관심이 없어.

- Let's ask him **anyway**.
  무조건 그에게 물어보자.

- My boyfriend was crying but I left **anyway**.
  내 남자 친구는 울고 있었지만 난 무조건 떠났어.

Mayu	Hey, where are you going?
Me	I have a meeting in Gangnam.
Mayu	Hop in! I can give you a ride.
Me	Are you sure? You don't have to.
Mayu	Well, I have to go to Gangnam **anyway**.
Me	Thanks, man! I'll buy you coffee.

마유	야, 너 어디가?
나	나 강남에서 회의 있어.
마유	타! 내가 데려다 줄 수 있어.
나	확실해? 안 그래도 되는데.
마유	나도 어차피 강남에 가야 돼.
나	고마워, 친구! 내가 커피 살게.

다 드릴게요.
제 모든 꿀팁을!

 마유의 달콤 꿀팁!

anyway를 문장 앞에 쓰면 '그나저나'란 뜻이 될 수 있다고 했죠? by the way도 그런 역할을 합니다.

By the way, they can't come to our wedding. 그나저나, 그들은 우리 결혼식에 못 와.

캐주얼하게 줄여서 BTW로 쓰기도 합니다. 그래도 읽을 땐 여전히 by the way로 읽습니다.
BTW, I'll be late. 그나저나, 난 늦을 거야.

여러분께 드리는 선물입니다. 우리말을 입으로 영작해 보세요.

① 아무튼, 뭐 좀 먹자. **Anyway,** let's eat something.

② 아무튼, 난 이제 가야 돼.

③ 그나저나, 지금 몇 시야?

④ 난 어차피 내 아내를 태우러 가야 돼.

⑤ 넌 어차피 정장을 입어야 돼.

⑥ 우린 어차피 그의 도움이 필요해.

⑦ 그들은 어차피 내일 돌아와.

⑧ 난 어차피 화 안 났어.

⑨ 난 늦었지만 무조건 그를 기다렸어.

⑩ 무조건 그걸 시도해 보자.

퀴즈 정답

2 – Anyway, I have to go now.

3 – Anyway, what time is it now?

4 – I have to pick up my wife anyway.

5 – You have to wear a suit anyway.

6 – We need his help anyway.

7 – They are coming back tomorrow anyway.

8 – I am not mad anyway.

9 – I was late but I waited for him anyway.

10 – Let's try it anyway.

 이제 영어로 말할 수 있어요.

I have to buy a blouse anyway.
나 어차피 블라우스 사야 돼.

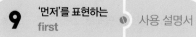

9 '먼저'를 표현하는 first ● 사용 설명서

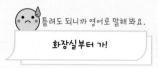

first

해석 먼저

사용법 **1** first란 단어는 '먼저' 혹은 '부터'란 느낌을 줍니다. 이럴 땐 보통 first를 문장 맨 뒤에 넣어 사용하세요.

I said it first! 제가 먼저 그렇게 말했어요!

Why don't you call him first? 네가 먼저 그에게 전화하는 게 어때?

사용법 **2** 동사 앞에 넣는 경우는 보통 '처음으로'란 느낌을 줍니다. 이런 경우 는 when과 함께 쓰여 '처음으로 ~할 때'라는 뜻을 나타냅니다.

When I first saw it, 내가 처음으로 그걸 봤을 때.

When we first met, 우리가 처음으로 만났을 때.

When she first tried cilantro, she didn't like the taste.
그녀는 처음으로 고수를 먹어봤을 때, 그 맛을 좋아하지 않았어.

사용법 **3** 문장 맨 앞에 쉼표(comma)와 함께 쓰면, '우선'이란 느낌을 줍니다.

First, I would like to thank you. 우선, 당신께 감사드리고 싶습니다.

원어민 발음 듣기

- Wash your hair first.
  머리부터 감아.

- Take off your shoes first.
  신발부터 벗어.

- I came in first.
  내가 먼저 들어왔어.

- Mike liked me first.
  Mike는 날 먼저 좋아했어.

- I'll go first.
  내가 먼저 할게.

- We designed this logo first.
  우리가 이 로고를 먼저 디자인했어.

- Who said it first?
  누가 그걸 먼저 말했니?

Let's drink first!
Cheers!

- When we first moved here, we were poor.
  여기로 처음 이사했을 때, 우린 가난했어.

- When I first met you, I didn't like you.
  널 처음 만났을 때, 난 네가 마음에 안 들었어.

- First, let's talk about this.
  우선, 이것에 대해 얘기해 보자.

Mayu	I have something to tell you.
Me	Same here!
Mayu	You go **first**.
Me	You're older. You say it **first**.
Mayu	OK. I'll go **first**. I hate you.
Me	Wow… I was going to say that I love you.

마유	너한테 할 말이 있어.
나	나도!
마유	네가 먼저 해.
나	네가 나이가 더 많잖아. 네가 먼저 말해.
마유	알겠어. 내가 먼저 할게. 난 네가 싫어.
나	와… 난 사랑한다고 말하려고 했는데.

다 드릴게요. 제 모든 꿀팁을!

 마유의 달콤 꿀팁!

예문에서 엿볼 수 있었겠지만, go first란 표현 정말 쓸 일 많을 것 같지 않나요? go는 어딘가를 간다는 말 대신, 상황에 따라 '하다, 말하다, 시작하다' 등의 뜻이 될 수 있습니다. 예문에 나온 것 외에 쓰기 좋은 문장 좀 정리해 봤어요.

- Why don't you go first? 네가 먼저 하는 게 어때?
- Who wants to go first? 누가 먼저 할래?
- I don't want to go first. 나 먼저 하기 싫어.
- You can go first. 네가 먼저 해도 돼.
- Why do I always have to go first? 왜 내가 항상 먼저 해야 돼?

① 손부터 씻어. Wash your hands **first**.

② 양말부터 벗어.

③ 내가 그걸 먼저 끝냈어.

④ 우리가 여기 먼저 도착했어.

⑤ 내가 먼저 하고 싶지 않아.

⑥ 우리가 이 퀴즈를 먼저 풀었어.

⑦ 누가 먼저 떠났니?

⑧ 나는 그를 처음 만났을 때, 긴장했어.

⑨ 나는 처음으로 이 수업을 들었을 때, 수줍었어.

⑩ 우선, 난 내 아내한테 전화해야 돼.

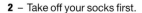

퀴즈 정답

2 – Take off your socks first.

3 – I finished it first.

4 – We got here first.

5 – I don't want to go first.

6 – We solved this quiz first.

7 – Who left first?

8 – When I first met him, I was nervous.

9 – When I first took this class, I was shy.

10 – First, I have to call my wife.

 이제 영어로 말할 수 있어요.

Go to the bathroom first!
화장실부터 가!

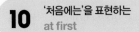
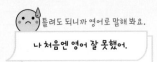

틀려도 되니까 영어로 말해 봐요.

나 처음엔 영어 잘 못했어.

at first

└ **해석** 처음에는

사용법 1 | at first도 first와 같은 부사로, '처음에는'이란 뜻으로 사용하세요.

I was shy **at first**. 난 처음엔 수줍었어.

You'll feel dizzy **at first**. 넌 처음엔 어지러울 거야.

사용법 2 | 문장 앞에 넣고 싶다면 물론 쉼표(comma)를 함께 써야 합니다.

At first, he hesitated a lot. 처음엔, 그는 많이 망설였어.

At first, I didn't recognize her. 처음엔, 난 그녀를 못 알아봤어.

사용법 3 | first와는 달리 문장의 시작과 끝부분 외에는 넣지 않습니다.

I **at first** ate it. (×)

When I **at first** ate it (×)

원어민 발음 듣기

- It's not easy at first.
  그건 처음엔 쉽지 않아.

- I was confused at first.
  난 처음엔 헷갈렸어.

- My business was small at first.
  내 사업은 처음엔 작았어.

- They were happy at first.
  그들은 처음엔 행복했어.

- You will be surprised at first.
  넌 처음엔 놀랄 거야.

- They will say no at first.
  그들은 처음엔 싫다고 말할 거야.

I was shy at first.

- At first, I didn't know what to do.
  처음엔, 난 뭘 해야 할지 몰랐어.

- At first, my boss hated me.
  처음엔, 우리 상사는 날 싫어했어.

- At first, he was nice to me.
  처음엔, 그는 내게 잘해줬어.

- At first, she ignored my phone calls.
  처음엔, 그녀는 내 전화를 무시했어.

Mayu	When we first met, what did you think about me?
Me	I'll be honest with you. You were not my type **at first**.
Mayu	Are you serious?
Me	Come on. You showed up wearing flip flops on our first date.

마유	우리가 처음 만났을 때, 나에 대해 어떻게 생각했어?
나	솔직히 말할게. 넌 처음엔 내 타입이 아니었어.
마유	진심이야?
나	왜 이래. 너 우리 첫 데이트에 플립플롭 신고 나타났잖아.

다 드릴게요.
제 모든 꿀팁을!

🎁 **마유의 달콤 꿀팁!**

무슨 일이든 시작할 땐 부정적인 요소가 많죠? 어색한 기분이 들기도 하고 어렵기도 하지요.
이런 기분을 표현할 수 있는 at first와 함께 자주 쓸만한 단어, 하지만 조금은 생소할 수 있는
단어를 묶어서 살펴볼게요.

- I felt <u>awkward</u> at first. 난 처음엔 어색하게 느꼈어.
- I was <u>hesitant</u> at first. 난 처음엔 망설였어.
- I was <u>skeptical</u> at first. 난 처음엔 의심했어[회의적이었어].
- It was <u>challenging</u> at first. 그건 처음엔 어려웠어.
- I was <u>clumsy</u> at first. 난 처음엔 서툴렀어.

① 난 처음엔 편하지 않았어. I was not comfortable at first.

② 난 처음엔 충격 받았어.

③ 그들의 사업은 처음엔 컸어.

④ 그들은 처음엔 걱정했어.

⑤ 넌 처음엔 불편하게 느낄 거야.
　　　　→ uncomfortable (불편한)

⑥ 그녀는 처음엔 동의하지 않을 거야.
　　　　→ disagree (동의하지 않다)

⑦ 처음엔, 난 아무것도 몰랐어.

⑧ 처음엔, 우리 상사는 친절했어.

⑨ 처음엔, 그는 차가웠어.

⑩ 처음엔, 난 질투가 났어.

🔒 퀴즈 정답

2 – I was shocked at first.

3 – Their business was big at first.

4 – They were worried at first.

5 – You will feel uncomfortable at first.

6 – She will disagree at first.

7 – At first, I didn't know anything.

8 – At first, my boss was kind.

9 – At first, he was cold.

10 – At first, I was jealous.

 이제 영어로 말할 수 있어요.

I didn't speak good English at first.
나 처음엔 영어 잘 못했어.

문장만 추가하면

만사
오케이 패턴

1 바라는 걸 표현하는
I hope + 평서문

2 생각을 표현하는
I think + 평서문

3 꽤나 확신하는 걸 표현하는
I'm sure + 평서문

4 확신이 없는 걸 표현하는
I'm not sure if + 평서문

5 안심을 표현하는
I'm glad + 평서문

I think I just pooped.

틀려도 되니까 영어로 말해 봐요.

이 선물 마음에 들면 좋겠다.

I hope + 평서문

해석 '평서문'이길 바라

 사용법 **1** 뭔가 바라는 게 있다면 **hope**를 사용하세요. '~면 좋겠어'란 말투의 느낌입니다. 가능성이 있는 일에 사용해야 합니다.

I hope you are happy. 네가 행복하면 좋겠어.

I hope you like this shirt. 네가 이 셔츠가 마음에 들면 좋겠다.

I hope it rains today. 오늘 비가 오면 좋겠어.

사용법 **2** 주어를 바꿀 수도 있습니다.

We hope you enjoy the flight. 비행을 즐기시길 바랍니다.

사용법 **3** 아직 벌어지지 않은 일이라도 평서문에는 **will**을 쓰지 마세요. 강조를 위해 will을 쓰는 경우도 간혹 있으나 추천하지 않습니다.

I hope she **will get** here soon.

➡ I hope she **gets** here soon. 그녀가 여기 곧 도착하면 좋겠는데.

원어민 발음 듣기

- **I hope** you find your wallet.

  난 네가 네 지갑을 찾으면 좋겠어.

- **I hope** you never come back.

  난 네가 절대 안 돌아오면 좋겠어.

- **I hope** you pass the audition.

  난 네가 그 오디션을 통과하면 좋겠어.

- **I hope** I get an A.

  난 내가 A를 받으면 좋겠어.

- **I hope** everything is okay.

  난 모든 게 괜찮으면 좋겠어.

- **I hope** your wife is not mad.

  난 너의 아내가 화나지 않았으면 좋겠어.

- **I hope** Yessica remembers me.

  난 Yessica가 날 기억하면 좋겠어.

- **I hope** it snows tomorrow.

  난 내일 눈이 오면 좋겠어.

- **We hope** you enjoy your meal.

  저희는 손님이 식사를 즐기시길 바랍니다.

- **We hope** you succeed.

  저희는 당신이 성공하길 바랍니다.

I hope you like all these presents for you.

Me	So… I guess this is it…
Mayu	Yeah… Well… **I hope** you find someone better.
Me	Thank you. **I hope** you take care of yourself.
Mayu	I will. I will. Hey, if you ever need me, just call me.
Me	Will do.

나	음… 이게 마지막인가 보네…
마유	그래… 그런 거 같아… 네가 더 나은 사람을 찾으면 좋겠어.
나	고마워. 난 네가 네 자신을 돌보면 좋겠어.
마유	그럴게. 그럴게. 저기, 내가 혹시 필요하면, 그냥 전화해.
나	그럴게.

다 드릴게요. 제 모든 꿀팁을!

 마유의 달콤 꿀팁!

hope는 가능성이 살아있는 일에 대해 사용한다고 했습니다. 오늘 파티가 있어서 내 친구를 초대하고 싶은 상황이라면 I hope you can come to my party.라고 쓸 수 있습니다. 이건 파티에 올 수 있는 가능성이 있는 친구에게만 쓸 수 있습니다. 적어도 파티에 올 수 있는 거리에 살거나, 친구가 입원한 상태가 아니거나 등등. 하지만 그 친구가 해외에 살거나, 입원을 한 상태라면 올 가능성이 아예 없어지죠? 이럴 땐, I wish you could come to my party.라고 써야 합니다. 못 올 거라 아쉽다는 표현이지요. I wish는 조금 더 복잡한 컨셉이므로 일단 I hope에 총력을 다하세요.

① 난 네가 네 반지를 찾으면 좋겠어.   **I hope** you find your ring.

② 난 네가 절대 날 안 떠나면 좋겠어.

③ 난 네가 내 파티에 올 수 있으면 좋겠어.

④ 난 그가 살아있으면 좋겠어.

⑤ 난 너희 개가 괜찮길 바라.

⑥ 난 네 전화기가 고장 난 게 아니길 바라.

⑦ 난 우리 할아버지가 날 기억하시면 좋겠어.

⑧ 난 내일 비가 안 오면 좋겠어.

⑨ 저희는 당신이 그 쇼를 즐기길 바랍니다.

⑩ 저희는 당신이 곧 돌아오길 바랍니다.

🔓 퀴즈 정답

2 – I hope you never leave me.

3 – I hope you can come to my party.

4 – I hope he is alive.

5 – I hope your dog is okay.

6 – I hope your phone is not broken.

7 – I hope my grandfather remembers me.

8 – I hope it doesn't rain tomorrow.

9 – We hope you enjoy the show.

10 – We hope you come back soon.

 이제 영어로 말할 수 있어요.

I hope you like this gift.
이 선물 마음에 들면 좋겠다.

틀려도 되니까 영어로 말해 봐요.

너 귀여운 거 같아.

I think + 평서문

해석 난 '평서문'이라고 생각해

사용법 1 자신의 생각을 전달할 수 있는 **think**는 '~라고 생각해' 혹은 조금 더 자연스럽게 '~인 거 같아' 정도의 말투로 사용하세요.

I think you are cute. 난 네가 귀엽다고 생각해.

I think I have to go now. 난 이제 가야 할 거 같아.

사용법 2 주어를 바꿀 수도 있습니다.

We think it's a good idea. 우린 그게 좋은 생각이라고 생각해.

Marvin thinks I'm single. Marvin은 내가 싱글이라고 생각해.

사용법 3 질문은 「Do you think + 평서문?」의 어순을 사용합니다.

Do you think you are better than me?
넌 네가 나보다 더 낫다고 생각하니?

*과거에 어떤 일이 벌어진 줄 알았다고 표현할 땐 thought을 쓰는데, 뒤에 나오는 평서문의 시제도 과거로 맞춰 주세요.
I thought you **liked** me. 난 네가 날 좋아하는 줄 알았어.

원어민 발음 듣기

- **I think** your boyfriend is good-looking.
  난 네 남자 친구가 잘생겼다고 생각해.

- **I think** this sweater is too tight.
  난 이 스웨터가 너무 꽉 끼는 거 같아.

- **I think** your husband is selfish.
  난 네 남편이 이기적인 거 같아.

- **I think** this book is very helpful.
  난 이 책이 엄청 도움이 되는 거 같아.

- **I think** it looks good on you.
  난 그게 너한테 잘 어울리는 거 같아.

- **My brother thinks** he is my boss.
  우리 오빠는 그가 내 상사라고 생각해.

- **Gary thinks** I like him.
  Gary는 내가 그를 좋아한다고 생각해.

- **We think** it's Hana's fault.
  우린 그게 Hana의 잘못이라고 생각해.

- **I thought** we were late.
  난 우리가 늦었다고 생각했어.

- **Do you think** I am lying?
  넌 내가 거짓말하고 있다고 생각해?

I think I just pooped.

Mayu	**Do you think** I'm ugly?
Me	Well, you are definitely not good-looking. **I think** you are gentle though.
Mayu	So, **you think** I'm gentle but still ugly, right?
Me	Exactly. **I thought** you already knew that.
Mayu	I knew that but thanks for reminding me.

마유	넌 내가 못생긴 거 같니?
나	글쎄, 확실히 잘생기진 않았지. 너 젠틀한 거 같아 그래도.
마유	그러니까 넌 내가 젠틀하지만 여전히 못생긴 거 같다는 거지, 응?
나	바로 그거지. 이미 아는 줄 알았는데.
마유	알고는 있었는데 상기시켜 줘서 고마워.

다 드릴게요.
제 모든 꿀팁을!

마유의 달콤 꿀팁!

이번 패턴에서는 부정문을 뒤에 넣지 않았죠? 부정이 들어간 문장을 예시로 들어볼게요.

• I think + you are **not** attractive. 난 생각해 + 네가 매력적이지 않다고

문법적으로 전혀 문제가 없는 문장입니다. 이렇게 쓰셔도 돼요. 다만, 특이하게도 대부분의 원어민들은 이렇게 I think 뒤에 부정문을 넣느니 I think를 I don't think로 바꾼 후에 뒤에 부정문을 긍정문으로 쓰는 걸 선호합니다.

• I **don't** think + you are attractive. 난 생각하지 않아 + 네가 매력적이라고

자신이 긍정적으로 생각하는지, 부정적으로 생각하는지를 먼저 표현하는 습관 때문이라고 볼 수도 있습니다.

① 난 네 여자 친구가 똑똑하다고 생각해. **I think** your girlfriend is smart.

② 난 이 셔츠가 너무 헐렁한 거 같아.
       → loose (헐렁한)

③ 난 네 언니가 못된 거 같아.
       → mean (못된)

④ 난 이 라디오 프로그램이 엄청 도움이 되는 거 같아.

⑤ 난 네가 나보다 더 나이가 많은 거 같아.

⑥ 우린 그게 사랑스런 아이디어라고 생각해.

⑦ Kyle은 내가 자기를 싫어한다고 생각해.

⑧ 우리 누나는 자기가 예쁜 줄 알아.

⑨ 난 네가 모델이라고 생각했어.

⑩ 넌 내가 멍청한 거 같니?
       → stupid (멍청한)

🔒 퀴즈 정답

2 – I think this shirt is too loose.

3 – I think your sister is mean.

4 – I think this radio program is very helpful.

5 – I think you are older than me.

6 – We think it's a lovely idea.

7 – Kyle thinks I hate him.

8 – My sister thinks she is pretty.

9 – I thought you were a model.

10 – Do you think I am stupid?

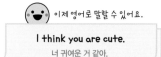

이제 영어로 말할 수 있어요.

I think you are cute.
너 귀여운 거 같아.

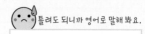

틀려도 되니까 영어로 말해 봐요.

우리 부모님이 너를 분명히
맘에 들어할 거야.

I'm sure + 평서문

해석 분명히 '평서문'일 거야

사용법 1 뭔가에 대한 확신을 표현할 때 사용하세요.

I am sure you will be fine. 넌 분명히 잘 할 거야.

I am sure they have a plan. 그들은 분명히 계획이 있을 거야.

사용법 2 '꽤나'라는 뜻의 부사 **pretty, quite** 등을 자주 곁들여 씁니다.

I am pretty sure Jessica has a boyfriend.
Jessica는 분명히 남자 친구가 있을 거야. ◀ ⟶ '꽤나 확신해'를 의역한 것

사용법 3 확신이 없다면 **not**을 추가합니다. 이때, 대부분 **if**(~인지)를 평서문 앞에 넣어 사용합니다.

I am not sure if you can do this. 난 네가 이걸 할 수 있는지 확신이 없어.

I am not sure if he knows that. 난 그가 그걸 아는지 확신이 없어.

원어민 발음 듣기

- **I am sure** you are hungry.
  넌 분명히 배고플 거야.

- **I am sure** they have kids.
  그들은 분명히 자식들이 있을 거야.

- **I am sure** they have a backup plan.
  그들은 분명히 대안이 있을 거야.

- **I am sure** you know.
  넌 분명히 알 거야.

- **I am sure** your parents will be there.
  너희 부모님은 분명히 거기 오실 거야.

- **I am sure** she will accept your proposal.
  그녀는 분명히 네 청혼을 받아들일 거야.

- **Are you sure** you can come?
  너 올 수 있는 거 확실해?

- **Are you sure** she will hire me?
  너 그녀가 날 고용할 거 확신해?

- **I am not sure if** the store is open.
  난 그 가게가 열려 있는지 확신이 없어.

- **I am not sure if** she will invite me.
  난 그녀가 날 초대할지 확신이 없어.

I'm sure
we'll succeed.

Mayu	I'm going to propose to my girlfriend tomorrow. But **I'm not sure if** she'll say yes.
Me	Don't worry. **I'm sure** she'll say yes. So, how are you going to propose to her?
Mayu	I am going to do it at a sport stadium.
Me	**Are you sure** you want to do that? Some girls hate that.

마유	나 내일 내 여자 친구한테 청혼할 거야. 근데 그녀가 받아들일지 확신이 없어.
나	걱정하지 마. 분명히 받아들일 거야. 그래서, 어떻게 청혼할 건데?
마유	나 스포츠 경기장에서 할 거야.
나	그렇게 하고 싶은 거 확실해? 그런 거 싫어하는 여자들도 있어.

다 드릴게요.
제 모든 꿀팁을!

 마유의 달콤 꿀팁!

I'm sure보다 더욱 확신을 주고 싶다면 I know를 써 보세요. 거의 fact로 안다는 느낌입니다.
I'm sure you'll like it. 〈 **I know** (that) you'll like it.

더 확신을 주려면 for a fact까지 넣어 보세요.
I know you'll like it. 〈 I know **for a fact** (that) you'll like it.

sure보다 조금 더 형식적인 단어는 certain이 있습니다. quite과 함께 많이 쓰는 positive도 괜찮죠.
I'm **certain** (that) you'll like it.
I'm **quite positive** (that) it'll happen.

that은 생략해도 되지만 글에서는 명료함을 위해 쓰는 걸 추천합니다.

① 넌 분명히 이해할 거야.   **I am sure** you understand.

② 그는 분명히 네가 필요할 거야.

③ Ally는 분명히 널 기억할 거야.

④ 그녀는 분명히 네 결혼식에 올 거야.

⑤ 넌 분명히 잘 했을 거야.

⑥ Jeff는 분명히 우릴 용서할 거야.

⑦ 너 이거 고칠 수 있는 거 확실해?

⑧ 너 그와 결혼하고 싶은 거 확실해?

⑨ 난 Kay가 나랑 결혼하고 싶은지 확신이 없어.

⑩ 난 내가 그 드레스를 살지 확신이 없어.

퀴즈 정답

2 – I am sure he needs you.

3 – I am sure Ally remembers you.

4 – I am sure she will come to your wedding.

5 – I am sure you did well.

6 – I am sure Jeff will forgive us.

7 – Are you sure you can fix this?

8 – Are you sure you want to marry him?

9 – I am not sure if Kay wants to marry me.

10 – I am not sure if I will buy the dress.

 이제 영어로 말할 수 있어요.

I'm sure my parents will like you.
우리 부모님이 너를 분명히 마음에 들어할 거야.

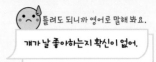

I'm not sure if + 평서문

해석 '평서문'인지 확신이 없어

사용법 1 I'm sure의 부정문에선 대부분 if가 따라온다고 했는데 여기서 if는 '조건(~라면)'이 아닌 '여부(~인지)'로 쓰였습니다.

if I have enough money 내가 충분한 돈이 있는지

if she is interested in me 그녀가 내게 관심이 있는지

if today is the last day 오늘이 마지막 날인지

사용법 2 여기에 I'm not sure을 섞어 주는 것을 진행합니다. 이렇게 비로소 완벽한 문장이 완성되는 것입니다.

I'm not sure + **if** I have enough money.
난 확신이 없어 + 내가 충분한 돈이 있는지

I'm not sure + **if** she is interested in me.
난 확신이 없어 + 그녀가 내게 관심이 있는지

I'm not sure + **if** today is the last day.
난 확신이 없어 + 오늘이 마지막 날인지

원어민 발음 듣기

- **I'm not sure if** I'm hungry.
  내가 배가 고픈 건지 잘 모르겠어.

- **I'm not sure if** Kris has a job.
  Kris가 직업이 있는지 확신이 없어.

- **I'm not sure if** Emma eats kimchi.
  Emma가 김치를 먹는지 확신이 없어.

- **I'm not sure if** I can do this.
  내가 이걸 할 수 있을지 잘 모르겠어.

- **I'm not sure if** today is Monday.
  오늘이 월요일인지 잘 모르겠어.

- **I'm not sure if** he's telling us the truth.
  그가 우리에게 진실을 말하고 있는지 잘 모르겠어.

- **I'm not sure if** she is willing to help me.
  그녀가 날 도와줄 의향이 있는지 확신이 없어.

- **I'm not sure if** we can get married.
  우리가 결혼할 수 있는지 확신이 없어.

I'm not sure if this is the correct answer.

- **I'm not sure if** you love me.
  네가 날 사랑하는지 잘 모르겠어.

- **I'm not sure if** I did the right thing.
  내가 옳은 일을 한 건지 잘 모르겠어.

Mayu	What's wrong? You look so depressed.
Me	It's about my boyfriend. **I'm not sure if** he still loves me.
Mayu	I'm sure he does. In fact, he wants to propose to you. Oh, God. I wasn't supposed to tell you this.
Me	Thanks for ruining the surprise!

마유	무슨 문제야? 너 엄청 우울해 보이는데.
나	내 남자 친구에 관한 거야. 날 여전히 사랑하는 건지 잘 모르겠어.
마유	분명히 사랑할 거야. 사실 걔가 너한테 청혼하고 싶어해. 오, 맙소사. 너한테 말하지 않기로 되어 있었는데.
나	서프라이즈 망쳐 줘서 고맙다!

다 드릴게요.
제 모든 꿀팁을!

 마유의 달콤 꿀팁!

I'm not sure if 대신 뭘 써도 될까요? 사실 확신의 의미가 들어간 단어는 너무나 많기 때문에 옵션은 많습니다. 실제로 가장 많이 쓰는 표현 중 두 개만 뽑아 드릴게요.

1. I don't know if

I don't know if my Korean has improved. 난 내 한국어가 늘었는지 모르겠어.

2. I can't be sure if

I can't be sure if the CEO will be there. 난 그 CEO가 거기 올 건지 확신할 수 없어.

if를 잘 사용하면 문장이 엄청나게 rich해집니다.

① Molly가 싱글인지 확신이 없어.   I'm not sure if Molly is single.

② Polly가 한국 음식을 먹는지 확신이 없어.

③ 내가 이 시험을 통과할 수 있을지 잘 모르겠어.

④ 오늘이 수요일인지 잘 모르겠어.

⑤ Luke가 자고 있는지 잘 모르겠어.

⑥ 우리 부모님이 널 볼 의향이 있는지 확신이 없어.
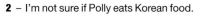
→ be willing to (~할 의향이 있다)

⑦ 우리가 이 피자를 먹어도 되는지 확신이 없어.

⑧ 내 아내가 날 사랑하는지 잘 모르겠어.

⑨ 그게 네 남자 친구였는지 잘 모르겠어.

⑩ 내가 너와 그 영화를 볼 수 있는지 확신이 없어.

퀴즈 정답

2 – I'm not sure if Polly eats Korean food.

3 – I'm not sure if I can pass this test.

4 – I'm not sure if today is Wednesday.

5 – I'm not sure if Luke is sleeping.

6 – I'm not sure if my parents are willing to see you.

7 – I'm not sure if we can eat this pizza.

8 – I'm not sure if my wife loves me.

9 – I'm not sure if it was your boyfriend.

10 – I'm not sure if I can watch the movie with you.

 이제 영어로 말할 수 있어요.

I'm not sure if she/he likes me.
걔가 날 좋아하는지 확신이 없어.

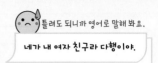

틀려도 되니까 영어로 말해 봐요.

네가 내 여자 친구라 다행이야.

I'm glad + 평서문

해석 '평서문'이라 다행이야

사용법 **1** 일단 **glad**는 가볍게 '기쁘다' 정도의 느낌입니다. 뒤에 따라오는 평서문에 대해 기분 좋음을 느낄 때 사용하세요.

I'm glad you came.   네가 와서 좋네.

I'm glad she is coming.   그녀가 온다니 기쁘다.

사용법 **2** 이번 패턴의 핵심은 **I'm glad**가 다행이라는 느낌을 준다는 것입니다.   ◎

I'm glad your son is okay.   당신의 아들이 괜찮아서 다행이에요.

I'm glad you are not hurt.   네가 다치지 않아서 다행이야.

*기쁜 감정을 표현할 때 간혹 It's good으로 문장을 시작하는 분들이 있습니다. 구조적으로는 문제가 없지만 조금 부자연스러운 감이 있습니다.

- **I'm glad** you are my boss.
  당신이 제 상사라 다행이에요.

원어민 발음 듣기

- **I'm glad** you like my gift.
  네가 내 선물을 좋아해서 다행이야.

- **I'm glad** you guys are here.
  너희가 여기 와서 다행이야.

- **I'm glad** you didn't fail the exam.
  네가 그 시험을 낙제하지 않아서 다행이야.

- **I'm glad** you didn't marry him.
  네가 그와 결혼하지 않아 다행이야.

- **I'm glad** you said that.
  네가 그런 말을 해서 잘됐어.

I'm glad I'm a cat.
I don't have to take a walk.

- **I'm glad** you are enjoying this.
  네가 이걸 즐기고 있어서 기뻐.

- **I'm glad** we are friends.
  우리가 친구라서 다행이야.

- **I'm glad** your mom liked the flowers.
  너희 엄마가 그 꽃을 좋아하셔서 다행이야.

- **I'm glad** you left early.
  네가 일찍 떠나서 다행이야.

Me	Hello?
Mayu	Oh, **I'm glad** you answered the phone. I need your advice.
Me	Is this about your girlfriend again?
Mayu	Yeah! She is selfish, self-centered, and mean.
Me	Why do you always talk about your girlfriend behind her back? **I'm glad** you're not my boyfriend.

나	여보세요?
마유	오, 네가 전화를 받아 다행이다. 네 조언이 좀 필요해.
나	또 네 여자 친구에 관한 거야?
마유	그래! 걔는 이기적이고 자기 중심적이고 못됐어.
나	넌 왜 항상 네 여자 친구에 대한 뒷담화를 하니? 네가 내 남자 친구가 아니라 다행이다.

다 드릴게요.
제 모든 꿀팁을!

🎁 마유의 달콤 꿀팁!

'휴, 다행이다!'라고 단순하게 감탄사처럼 쓸 수 있는 게 있습니다. 바로 What a relief!입니다.
A: She is okay! / **B:** **What a relief!**

더욱 강력하게 '참 다행이다'라고 하는 방법도 있습니다. Thank God 뒤에 평서문을 넣는 거죠.
Thank God you're not my boyfriend! 네가 내 남자 친구가 아니라서 참 다행이다!

Thank God의 장점은 What a relief!처럼 단독으로도 쓸 수 있다는 것입니다.
A: I'm alive! / **B:** **Thank God!**

① 당신이 내 영어 선생님이라 다행이에요.

I'm glad you are my English teacher.

② 내가 이 귀걸이를 사서 좋아.

③ 네 친구가 여기 없어서 다행이야.

④ 네가 네 집을 팔지 않아서 다행이야.

⑤ 네가 잊지 않아서 다행이야.

⑥ 네가 날 깨워서 다행이야.

⑦ 네가 잘 하고 있어서 기뻐.

⑧ 내가 그걸 안 먹어서 다행이야.

⑨ 우리가 버스를 타서 다행이야.

⑩ 내가 큰 사이즈를 샀기에 다행이야.

퀴즈 정답

2 – I'm glad I bought these earrings.

3 – I'm glad your friend is not here.

4 – I'm glad you didn't sell your house.

5 – I'm glad you didn't forget.

6 – I'm glad you woke me up.

7 – I'm glad you are doing well.

8 – I'm glad I didn't eat it.

9 – I'm glad we took a bus.

10 – I'm glad I bought a large size.

 이제 영어로 말할 수 있어요.

I'm glad you are my girlfriend.
네가 내 여자 친구라 다행이야.

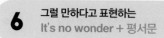

6 그럴 만하다고 표현하는
It's no wonder + 평서문   ◆ 사용 설명서

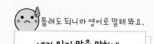
틀려도 되니까 영어로 말해 봐요.
네가 인기 많을 만하네.

It's no wonder + 평서문

└ 해석 '평서문'인 게 당연하네

사용법 **1** | wonder는 놀라움을 표현하는데, 놀라움이 아니라는 말(놀랍지도 않다는 말)은 그만큼 당연하고, 그럴 만하고, 그럴 줄 알았다는 느낌을 전할 때 사용합니다.

It's no wonder people love her. ◄ 성격 좋고, 똑똑한 모습을 보고는
사람들이 그녀를 사랑할 만하네.

It's no wonder no one likes him. ◄ 못되고, 속 좁고, 자존심 부리는 모습을 보고는
아무도 그를 안 좋아하는 게 당연하네.

사용법 **2** | 회화체에서는 It's를 종종 생략하곤 합니다.

It's no wonder you are not desperate.
= **No wonder** you are not desperate. 네가 간절하지 않을 만하네.

사용법 **3** | It's not wonder라고 쓰지 않음을 유의하세요.

It's not wonder he is smiling. (×)
➔ **It's no wonder** he is smiling. (○)

- **It's no wonder** you come here every day.
  네가 여기 매일 올 만하네.

원어민 발음 듣기

- **It's no wonder** she left you.
  그녀가 널 떠났을 만하네.

- **It's no wonder** your car is slow.
  네 차가 느린 게 당연하네.

- **It's no wonder** Mia wants to get married.
  Mia가 결혼하고 싶어하는 게 당연하네.

- **It's no wonder** you got a C.
  네가 C를 받은 게 당연하네.

- **It's no wonder** she is jealous of you.
  그녀가 널 질투할 만하네.

- **It's no wonder** he is scared of you.
  그가 널 겁낼 만하네.

It's no wonder
I'm getting fatter.

- **It's no wonder** Thomas is laughing.
  Thomas가 웃고 있을 만하네.

- **It's no wonder** Ted is still single.
  Ted가 여전히 싱글일 만하네.

- **It's no wonder** you can't move.
  네가 움직이지 못하는 게 당연하네.

Me	I don't understand Julia. She hates me for no reason.
Mayu	What happened?
Me	She saw me talking to Eric.
Mayu	**It's no wonder** she hates you. She's into Eric.
Me	Oh... **No wonder** she yelled at me.

나	Julia를 이해 못하겠어. 아무 이유 없이 날 싫어해.
마유	무슨 일이 있었는데?
나	내가 Eric이랑 얘기하고 있는 걸 걔가 봤어.
마유	걔가 널 싫어할 만하지. 걔 Eric 좋아해.
나	아… 걔가 나한테 소리 지른 게 당연하네.

 마유의 달콤 꿀팁!

No wonder!만으로 감탄사처럼 써도 좋습니다.

A: We broke up. 우리 헤어졌어.
B: No wonder! 그럴만 했지!

It's no surprise 뒤에 평서문을 추가해도 It's no wonder와 비슷한 의미가 됩니다.
It's no surprise they are tired. 그들이 피곤할 만하네.

It's not surprising으로 써도 좋습니다. 여전히 It's not wonder는 안돼요.
It's not surprising he is still drunk. 그가 여전히 취해 있을 만하지.

It's no wonder you speak good English. You practiced hard! ➡ 이런 말을 듣는 그날까지!

① 네가 여기서 안 먹을 만하네. **It's no wonder** you don't eat here.

② 네 상사가 널 해고했을 만하네.

③ 네가 행복할 만하네.

④ 그들이 너와 일하고 싶어할 만하네.

⑤ 네가 네 안경을 잃어버린 게 당연하네.

⑥ 사람들이 이걸 안 살 만하네.

⑦ 너희 누나가 널 싫어할 만하네.

⑧ 네 딸이 울고 있을 만하네.

⑨ Lisa가 친구들이 많을 만하네.

⑩ 네가 네 목을 못 움직이는 게 당연하네.

퀴즈 정답

2 – It's no wonder your boss fired you.

3 – It's no wonder you are happy.

4 – It's no wonder they want to work with you.

5 – It's no wonder you lost your glasses.

6 – It's no wonder people don't buy this.

7 – It's no wonder your sister hates you.

8 – It's no wonder your daughter is crying.

9 – It's no wonder Lisa has many friends.

10 – It's no wonder you can't move your neck.

 이제 영어로 말할 수 있어요.

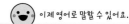
It's no wonder you are popular.
네가 인기 많을 만하네.

There's no way + 평서문

해석 '평서문'일 리가 없어

사용법 1 여기서 **way**는 길이 아니라 뭔가 벌어질 수 있는 방법, 방식을 말합니다. 그럴 방법이 없다는 말은 가능성이 없다는 뜻입니다. 도저히 믿기 힘든 일에 대한 감탄사처럼 사용하세요.

There's no way you are 20! 네가 20살일 리가 없어!

There's no way Hana is cheating! Hana가 바람 피우고 있을 리가 없어!

사용법 2 회화체에선 **There's**를 종종 생략하곤 합니다.

There's no way you are not wearing any makeup.

= **No way** you are not wearing any makeup.
네가 화장을 전혀 안 한 것일 리가 없어.

사용법 3 **There's**를 뺀 채 **No way!**라고 하면 '말도 안 돼!'라는 감탄사가 됩니다.

A: I won the lottery! / B: **No way**! A: 나 복권 당첨됐어! / B: 말도 안 돼!

A: I have a girlfriend now! / B: **No way**!
A: 나 이제 여자 친구 있다! / B: 말도 안 돼!

- **There's no way** you are younger than me!
  네가 나보다 어릴 리가 없어!

원어민 발음 듣기

- **There's no way** Lucia is a model.
  Lucia가 모델일 리가 없어.

- **There's no way** he doesn't know that.
  그가 그걸 모를 리가 없어.

- **There's no way** you are Won Bin's brother.
  네가 원빈의 동생일 리가 없어.

- **There's no way** she didn't remember you.
  그녀가 널 기억하지 못했을 리가 없어.

- **There's no way** Ethan is a millionaire!
  Ethan이 백만장자일 리가 없어!

- **There's no way** this is genuine leather.
  이게 진짜 가죽일 리가 없어.

- **There's no way** your boyfriend is a singer!
  네 남자 친구가 가수일 리가 없어!

There's no way spring is already here!

- **There's no way** you guys are twins.
  너희가 쌍둥이일 리가 없어.

- **There's no way** she is your ex.
  그녀가 네 전 여자 친구일 리가 없어.

Mayu	Guess what!
Me	What...
Mayu	I'm not single anymore!
Me	No way...
Mayu	I'm telling you! Check this out. This is her.
Me	No way... There's no way my sister is your girlfriend...

마유	맞혀 봐!
나	뭔데…
마유	나 더 이상 싱글이 아니야!
나	말도 안 돼…
마유	진심이야! 이거 봐 봐. 이게 내 여자 친구야.
나	말도 안 돼… 내 동생이 네 여자 친구일 리가 없어…

 마유의 달콤 꿀팁!

'~일 리가 없다'라는 걸 간단하게 표현해 봤습니다. 가능성을 부정하는 다른 방법이 또 있어요.

1. can't be + 형용사 = '형용사'일 리가 없다

I **can't be** ugly. 내가 못생겼을 리가 없어.

2. can't be + 명사 = '명사'일 리가 없다

You **can't be** a lawyer. 네가 변호사일 리가 없어.

그렇게 어렵진 않죠? 주어와 뒤에 따라오는 형용사/명사만 바꿔가면서 응용해 보세요.
참, There's no way를 말로 할 땐 반드시 way에 강한 억양을 주세요. 오버해도 좋습니다.

① 네가 나보다 나이가 많을 리가 없어!

There's no way you are older than me!

② Hailey가 배우일 리가 없어!

③ 그가 날 기억 못할 리가 없어.

④ 네가 내 여동생일 리가 없어.

⑤ 그녀가 널 못 봤을 리가 없어.

⑥ Frank가 의사일 리가 없어.

⑦ 이게 진짜 다이아몬드일 리가 없어.

⑧ 네 아내가 댄서일 리가 없어!

⑨ 그가 이 케이크를 만들었을 리가 없어.

⑩ Sally가 한국인이 아닐 리가 없어.

퀴즈 정답

2 – There's no way Hailey is an actress!

3 – There's no way he doesn't remember me.

4 – There's no way you are my sister.

5 – There's no way she didn't see you.

6 – There's no way Frank is a doctor.

7 – There's no way this is real diamond.

8 – There's no way your wife is a dancer!

9 – There's no way he made this cake.

10 – There's no way Sally is not Korean.

 이제 영어로 말할 수 있어요.

There's no way she/he is single.
걔가 싱글일 리가 없어.

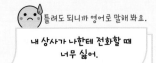
틀려도 되니까 영어로 말해 봐요.
내 상사가 나한테 전화할 때 너무 싫어.

8 싫다고 표현하는
I hate when + 평서문 ● 사용 설명서

I hate when + 평서문

해석 '평서문'일 때 싫어

 사용법 **1** 단순히 물건이나, 사람이나, 아이디어 등이 싫다고 할 땐 I hate 뒤에 명사만 추가해서 사용하세요.

I hate you. 난 네가 싫어.

I hate this color. 난 이 색깔이 싫어.

 사용법 **2** 하지만 어떤 상황이 싫다고 하고 싶다면 「when + 평서문」으로 연결해서 사용하세요.

I hate when you talk too much. 난 네가 너무 많이 말할 때 싫어.

I hate when it rains. 난 비가 올 때 싫어.

 사용법 **3** 종종 hate 뒤에 it을 추가하는 경우도 있습니다.

I hate it when people stare at me. 난 사람들이 날 쳐다볼 때 싫어.

I hate it when he breaks his promise. 난 그가 약속을 깰 때 싫어.

원어민 발음 듣기

- **I hate when** this happens to me.
  난 이런 일이 내게 벌어질 때 싫어.

- **I hate when** she cries.
  난 그녀가 울 때 싫어.

- **I hate when** I have to work.
  난 일해야 할 때 싫어.

- **I hate when** you swear.
  난 네가 욕할 때 싫어.

- **I hate when** my boss calls me early.
  난 우리 상사가 내게 일찍 전화할 때 싫어.

- **I hate when** you ignore me.
  난 네가 날 무시할 때 싫어.

- **I hate when** I have to remove my makeup.
  난 내 화장을 지워야 할 때 싫어.

- **I hate when** he calls me honey.
  난 그가 날 자기라고 부를 때 싫어.

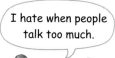

I hate when people talk too much.

- **I hate when** I have to get up early.
  난 일찍 일어나야 할 때 싫어.

- **I hate when** he comes home late.
  난 그가 집에 늦게 올 때 싫어.

Mayu	Look at me! Check out my dance moves!
Me	That's enough. Stop it…
Mayu	I am a good dancer, right?
Me	God! I hate when you dance in front of me!
Mayu	Don't be shy. I know you like it!
Me	I also hate when you say that.

마유	나 좀 봐! 내 춤 좀 봐 봐!
나	충분해. 그만 좀 해…
마유	나 춤 잘 추지, 그렇지?
나	신이시여! 난 네가 내 앞에서 춤출 때 싫어!
마유	수줍어하지 마. 좋아하는 거 다 알아!
나	네가 그렇게 얘기할 때도 싫어.

 마유의 달콤 꿀팁!

다 드릴게요.
제 모든 꿀팁을!

이쯤 되면 어떤 상황이 좋다고 할 땐 뭘 써야 할지 느낌이 올 거라 믿습니다. 그렇죠. hate 대신 like를 쓰면 되겠죠?

I like when you smile at me. 난 네가 내게 미소 지을 때 좋아.

이건 뭐 좋은 정도가 아니라 사랑하는 정도다? love를 쓰면 되겠습니다.

I love when she calls me sweetie. 난 그녀가 날 자기라고 불러 줄 때 완전 좋아.

이런 말투도 많이 쓰죠. Don't you hate when ~? ➡ '~일 때 싫지 않니?'

Don't you hate when you keep sneezing? 계속 재채기 나올 때 싫지 않니?

① 난 Oliver가 내게 전화할 때 싫어. **I hate when** Oliver calls me.

② 난 그가 내 전화기를 만질 때 싫어.

③ 난 공부해야 할 때 싫어.

④ 난 네가 늦게 일어날 때 싫어.

⑤ 난 우리 상사가 나한테 일을 줄 때 싫어.

⑥ 난 네가 날 꼬집을 때 싫어.
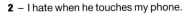
↳ pinch (꼬집다)

⑦ 난 정장을 입어야 할 때 싫어.

⑧ 난 Steve가 담배 피울 때 싫어.

⑨ 난 운동해야 할 때 싫어.

⑩ 난 내 아내가 내게 소리 지를 때 싫어.

퀴즈 정답

2 – I hate when he touches my phone.

3 – I hate when I have to study.

4 – I hate when you get up late.

5 – I hate when my boss gives me work.

6 – I hate when you pinch me.

7 – I hate when I have to wear a suit.

8 – I hate when Steve smokes.

9 – I hate when I have to work out.

10 – I hate when my wife yells at me.

 이제 영어로 말할 수 있어요.

I hate when my boss calls me.
내 상사가 나한테 전화할 때 너무 싫어.

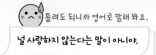

I'm not saying + 평서문

해석 '평서문'이라는 말이 아니야

사용법 1 내가 한 말을 부정할 땐 단순히 **not**을 넣는 방법이 있습니다.

You are stupid. 넌 멍청해.

➡ You are **not** stupid. 넌 멍청하지 않아.

사용법 2 **I'm not saying** 뒤에 평서문을 추가하면 문장 전체를 부정하는 것입니다. 단순히 문장에 **not**을 쓴 것과는 조금 다른 말투가 되긴 합니다.

You are **not** stupid. 넌 멍청하지 않아.

I'm not saying you are stupid. 네가 멍청하다는 말이 아니야.

사용법 3 이번 패턴의 장점은 부정문도 다시 한 번 부정할 수 있다는 것입니다.

I'm not saying you're **not** pretty. 네가 예쁘지 않다는 말이 아니야.

I'm not saying I **don't** want to live with you.
내가 너와 함께 살고 싶지 않다는 말이 아니야.

원어민 발음 듣기

- **I'm not saying** I am mad.
  내가 화가 나 있다는 말이 아니야.

- **I'm not saying** Mayu is ugly.
  마유가 못생겼다는 말이 아니야.

- **I'm not saying** Jason doesn't love you.
  Jason이 널 사랑하지 않는다는 말이 아니야.

- **I'm not saying** you cheated on me.
  네가 날 두고 바람 피웠단 말이 아니야.

- **I'm not saying** I can read your mind.
  내가 네 마음을 읽을 수 있다는 말이 아니야.

- **I'm not saying** I am not interested.
  제가 관심이 없다는 말이 아니에요.

- **I'm not saying** I don't like the design.
  디자인이 마음에 안 든다는 말이 아니야.

- **I'm not saying** you are not smart.
  네가 똑똑하지 않다는 말이 아니야.

- **I'm not saying** life is easy.
  인생이 쉽다는 말이 아니야.

I'm not saying I don't like you guys.

- **I'm not saying** I didn't lie to you.
  내가 너한테 거짓말하지 않았다는 말이 아니야.

Mayu	I made some soup for you!
Me	Nice! Let me taste it. Wow… It tastes okay…
Mayu	What do you mean 'okay'?
Me	Don't get me wrong. **I'm not saying** it tastes bad.
Mayu	That means you don't like it. I'm so hurt.
Me	Why don't we go out to eat? It's on me.

마유	내가 수프 좀 만들었어!
나	나이스! 맛 좀 보자. 와우… 맛 그냥 괜찮네…
마유	'그냥 괜찮다니' 무슨 말이야?
나	오해는 하지 마. 맛없다는 말은 아니야.
마유	그 말은 마음에 안 든다는 거잖아. 나 엄청 상처 받았어.
나	우리 나가서 먹는 게 어때? 내가 살게.

다 드릴게요, 제 모든 꿀팁을!

🎁 마유의 달콤 꿀팁!

I'm not saying 외에도 문장 전체를 부정할 수 있는 재료가 있습니다. 비유하듯이 부정하는 방법인데요, 바로 「It's not like + 평서문」입니다. '～인 것도 아니잖아 / ～인 것도 아닌데 뭘' 정도의 말투라고 보면 되겠습니다.

It's not like he is my boyfriend. 그가 내 남자 친구인 것도 아닌데 뭘.

It's not like you know everything. 네가 다 아는 건 아니잖아.

It's not like는 글보다는 회화체에 더욱 어울립니다. 대화할 때만 쓰는 걸 추천하겠습니다.
I'm not saying English is super easy to learn but I know you can master it!

① 내가 질투 난다는 말이 아니야.　　**I'm not saying** I am jealous.

② 네가 늦었다는 말이 아니야.

③ 네 직업이 쉽다는 말이 아니야.

④ 네가 내 신발을 훔쳤다는 말이 아니야.

⑤ 내가 모든 걸 안다는 말이 아니야.

⑥ 내가 너보다 더 낫다는 말이 아니야.

⑦ 네 선물이 마음에 안 든다는 말이 아니야.

⑧ 네가 매력적이지 않다는 말이 아니야.

⑨ 내가 여기서 일하고 싶지 않다는 말이 아니야.

⑩ 내가 공부하지 않았다는 말이 아니야.

퀴즈 정답

2 – I'm not saying you are late.

3 – I'm not saying your job is easy.

4 – I'm not saying you stole my shoes.

5 – I'm not saying I know everything.

6 – I'm not saying I am better than you.

7 – I'm not saying I don't like your gift.

8 – I'm not saying you are not attractive.

9 – I'm not saying I don't want to work here.

10 – I'm not saying I didn't study.

 이제 영어로 말할 수 있어요.

I'm not saying I don't love you.
널 사랑하지 않는다는 말이 아니야.

틀려도 되니까 영어로 말해 봐요.

그들이 날 해고하면 어떡하지?

해석 　'평서문'이면 어떡하지?

사용법 **1** 　만약의 상황을 상상해 볼 때 사용하세요.

What if she says no? 　그녀가 싫다고 하면 어떡하지?

What if they want to see me? 　그들이 날 보고 싶어하면 어떡해?

사용법 **2** 　따지자면 이것은 미완성 문장입니다. 예를 들면, 다음과 같이 풀어낼 수 있습니다.

What if she says no? 　그녀가 싫다고 하면 어떡해?

➡ What should I do if she says no? 　그녀가 싫다고 하면 난 어떡해야 하지?

➡ What are you going to do if she says no? 　그녀가 싫다고 하면 어떡할 거야?

➡ What will happen if she says no? 　그녀가 싫다고 하면 어떻게 될까?

사용법 **3** 　**What if** 뒤에 오는 문장에는 **will**을 넣지 않습니다.

What if it <u>will rain</u> tomorrow? (×)

➡ **What if** it <u>rains</u> tomorrow? (○)

- **What if** Annie doesn't remember me?
  Annie가 날 기억 못하면 어떡하지?

- **What if** he is telling us the truth?
  그가 우리에게 진실을 말하고 있는 거면 어떡해?

- **What if** she doesn't call me?
  그녀가 내게 전화하지 않으면 어떡하지?

- **What if** this is fake leather?
  이게 가짜 가죽이면 어떡해?

- **What if** I fall?
  내가 넘어지면 어떡해?

- **What if** you don't come back?
  네가 돌아오지 않으면 어떡해?

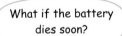

What if the battery dies soon?

- **What if** it was a real UFO?
  그게 진짜 UFO였으면 어떡하지?

- **What if** I lose my passport?
  제가 제 여권을 잃어버리면 어떡해요?

- **What if** Ashley can't join us?
  Ashley가 우리랑 함께하지 못하면 어떡해?

- **What if** I want to quit?
  내가 관두고 싶으면 어떡할 거야?

Mayu	Why are you so nervous?
Me	I have to give a presentation tomorrow. What's worse, I have to do it in English.
Mayu	Hey, trust yourself.
Me	**What if** I make mistakes?
Mayu	Who cares? We all make mistakes.

마유	너 왜 이렇게 긴장했어?
나	나 내일 프레젠테이션해야 돼. 설상가상으로 그걸 영어로 해야 돼.
마유	이봐, 네 자신을 믿어 봐.
나	실수하면 어떡해?
마유	무슨 상관이니? 누구나 다 실수하는 거지.

다 드릴게요.
제 모든 꿀팁을!

 마유의 달콤 꿀팁!

What if와 관련된 유용한 표현이 있습니다. What if I told you라는 표현인데요. '~라면 어떨 거 같아?'하고 가정해 보는 문장입니다.

What if I told you I have a million dollars? 내가 백만 불이 있다면 어떨 거 같아?

What if I told you I have a crush on you? 내가 널 짝사랑한다면 어떨 거 같아?

What if I told you it was a joke? 그게 농담이었다면 어떨 거 같아?

아직은 실제로 말한 게 아니기 때문에 가정해 보자는 의미에서 tell 대신 told를 쓴 것입니다. 직역하면 '내가 너에게 ~라고 말한다면?' 정도가 되고 이렇게 직역으로 이해하면 더 좋습니다.

① 마유가 날 못 알아보면 어떡하지?

What if Mayu doesn't recognize me?

② 그녀가 내게 거짓말하고 있는 거면 어떡해?

③ 그들이 날 고용하지 않으면 어떡하지?

④ 이게 가짜 다이아몬드 반지면 어떡해?

⑤ 우리가 지면 어떡해?

⑥ 그 일이 벌어지지 않으면 어떡해?

⑦ 제가 제 ID와 패스워드를 잊어버리면 어떡해요?

⑧ 그 CEO가 우리와 함께하지 못하면 어떡해?

⑨ 제가 마음을 바꾸면 어떡해요?

⑩ 내가 너와 결혼하고 싶다면 어떡할 거야?

🔓 퀴즈 정답

2 – What if she is lying to me?

3 – What if they don't hire me?

4 – What if this is a fake diamond ring?

5 – What if we lose?

6 – What if it doesn't happen?

7 – What if I forget my ID and password?

8 – What if the CEO can't join us?

9 – What if I change my mind?

10 – What if I want to marry you?

 이제 영어로 말할 수 있어요.

What if they fire me?
그들이 날 해고하면 어떡하지?

연애 잘하게 해주는
사랑 패턴

1 누군가에게 마음이 있는 걸 표현하는
like + 사람

2 누군가에게 빠져 있는 걸 표현하는
be into + 사람

3 소개 받고 싶은 걸 표현하는
set + 사람 + up with + 다른 사람

4 이상형을 표현하는
I want someone + 형용사

5 사랑에 빠져 있는 걸 표현하는
be in love with + 명사

We've been in a relationship for 2 days.

6

누군가와 사귄다는 걸 표현하는
go out with + 사람

7

결혼하는 걸 표현하는
marry + 사람

8

다툰 걸 표현하는
have a fight with + 사람

9

헤어지는 걸 표현하는
break up with + 사람

10

연애 여부를 표현하는
single

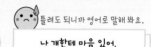
틀려도 되니까 영어로 말해 봐요.

나 걔한테 마음 있어.

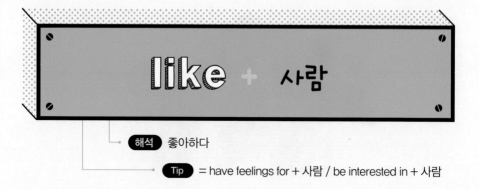

like + 사람

해석 좋아하다

Tip = have feelings for + 사람 / be interested in + 사람

사용법 1 누군가를 '좋아한다'고 표현하는 방법은 굉장히 많습니다. like를 가장 기본적으로 사용하세요.

I **like** you. 나 너 좋아해.

I think Jeremy **likes** you. 내 생각엔 Jeremy가 널 좋아하는 거 같아.

사용법 2 누군가에게 '마음이 있다'고 할 땐 「have feelings for + 사람」을 쓰면 됩니다. for 대신 towards(~를 향한)를 쓰는 것도 나쁘지 않습니다.

I **have feelings for** my best friend. 난 내 가장 친한 친구에게 마음이 있어.

Lance **has feelings for** my sister. Lance는 내 여동생에게 마음이 있어.

사용법 3 누군가에게 '관심이 있다'고 할 땐 「be interested in + 사람」을 씁니다.

I **am interested in** the new guy. 난 그 새로 온 남자에게 관심이 있어.

Are you **interested in** Terry? 넌 Terry에게 관심이 있니?

원어민 발음 듣기

- I **like** your cousin.
  난 네 사촌을 좋아해.

- My brother **likes** your sister.
  우리 형은 너희 언니를 좋아해.

- I used to **like** you.
  난 널 좋아하곤 했어.

- I **have feelings for** my coworker.
  난 내 직장 동료에게 마음이 있어.

- I think your son **has feelings for** my daughter.
  내 생각엔 네 아들이 내 딸에게 마음이 있는 거 같아.

- I **don't have feelings for** him anymore.
  난 그에게 더 이상 마음이 없어.

- I didn't know you **had feelings for** me.
  난 네가 내게 마음이 있는지 몰랐어.

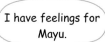

I have feelings for Mayu.

- I **am not interested in** you.
  난 너에게 관심이 없어.

- My friend **is not interested in** you.
  제 친구는 당신한테 관심이 없어요.

- I think Ethan **is interested in** the new girl.
  내 생각엔 Ethan이 새로 온 여자애한테 관심이 있는 거 같아.

Mayu	Hey, I have something to tell you.
Me	What... Do you **like** me or something?
Mayu	Uh...
Me	You **have feelings for** me, right? I'm sorry. **I'm not interested in** you.
Mayu	There's something in your teeth...

마유	야, 너한테 할말 있어.
나	뭐… 너 나 좋아하거나 뭐 그런 거야?
마유	에…
나	너 나한테 마음 있구나. 그렇지? 미안. 난 너한테 관심이 없어.
마유	네 이에 뭔가 껴있다고…

 마유의 달콤 꿀팁!

be interested in은 사실 좀 조심해야 하는 표현입니다. 관심이 있다는 건 적극적으로 좋아하는 느낌이 아니라 있어도 그만 없어도 그만이란 조금은 건방진 느낌을 전할 수도 있기 때문입니다. 편견을 두려는 건 아니지만 남자분이 여자분에게 쓰는 건 좀 별로라고 말씀드리고 싶네요.

또 하나. 사람의 감정은 다양하기 때문에 보통 feeling(감촉, 느낌)보다는 feelings(감정)처럼 복수로 쓰는 게 좋습니다. have feelings for도 그런 이치겠죠?

마지막으로, have a thing for를 써도 뭔가 감정이 있다는 말입니다.

① 난 네 친구를 좋아해. 😮 I like your friend.

② 내 친구가 그 파일럿을 좋아해.

③ 난 Amy의 친구를 좋아하곤 했어.

④ 난 내 클라이언트에게 마음이 있어.

⑤ 내 생각엔 네 딸이 내 아들에게 마음이 있는 거 같아.

⑥ 난 너에게 더 이상 마음이 없어.

⑦ 전 당신이 우리 상사에게 마음이 있는지 몰랐어요.

⑧ 난 그 배우에게 관심이 없어.

⑨ 제 친구는 그 의사에게 관심이 없어요.

⑩ 내 생각엔 David이 그 새 멤버에게 관심이 있는 거 같아.

🔒 퀴즈 정답

2 – My friend likes the pilot.

3 – I used to like Amy's friend.

4 – I have feelings for my client.

5 – I think your daughter has feelings for my son.

6 – I don't have feelings for you anymore.

7 – I didn't know you had feelings for my boss.

8 – I am not interested in the actor[actress].

9 – My friend is not interested in the doctor.

10 – I think David is interested in the new member.

이제 영어로 말할 수 있어요.

I have feelings for her/him.
나 걔한테 마음 있어.

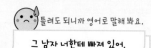
틀려도 되니까 영어로 말해 봐요.
그 남자 너한테 빠져 있어.

be into + 사람

> 해석 '사람'에게 빠져 있다

사용법 **1** '누군가에게 들어가 있다(into)'라는 말은 결국 푹 빠져 있다는 말입니다. be동사와 쓰기 때문에 이미 빠져 있는 상태를 표현합니다.

She is into you. 그녀는 네게 빠져 있어.

He is not that into you. 그는 당신에게 그다지 반하지 않았다.

사용법 **2** 이 패턴은 사람 대신 다른 명사를 써도 됩니다. 마찬가지로 심취해 있다는 말이 됩니다.

I am into video games. 난 비디오 게임에 빠져 있어.

What are you into these days? 넌 요즘에 뭐에 빠져 있니?

사용법 **3** 「be in love with + 사람」도 '～와 사랑에 빠져 있다'라는 상태를 강조한 표현입니다. 혼자 짝사랑하듯 빠져 있는 경우에도 사용할 수 있습니다.

I am in love with Brad Pitt. 난 Brad Pitt에게 빠져 있어.

원어민 발음 듣기

- I am into Amelia.
  난 Amelia에게 빠져 있어.

- Brice is into Julie.
  Brice는 Julie에게 빠져 있어.

- I think I am into you.
  내 생각엔 내가 너에게 빠져 있는 거 같아.

- We are into the new makeup trend.
  우린 그 새로운 화장 트렌드에 빠져 있어.

- My friends are into BTS.
  내 친구들은 BTS에 빠져 있어.

- I am not into this actress.
  난 이 여배우에 빠져 있지 않아.

- Lucas is in love with Steven Spielberg's movies.
  Lucas는 Steven Spielberg의 영화들과 사랑에 빠져 있어.

- I thought you were into Serena.
  난 네가 Serena에게 빠져 있다고 생각했어.

- I am in love with this artist.
  난 이 예술가와 사랑에 빠져 있어.

- Are you really into Lisa?
  넌 정말 Lisa에게 빠져 있니?

We're into each other.

연애 잘하게 해주는 사랑 패턴 · be into + 사람　185

Me	So, Mayu. What are you into these days?
Mayu	Do you really want to know?
Me	Well… **Are** you **into** sports cars?
Mayu	Wrong! **I'm into**…
Me	Don't tell me you**'re into** me. I'll punch your face.
Mayu	… **into** trucks…

나	그래서. 마유. 요즘에 뭐에 빠져 있어?
마유	정말 알고 싶어?
나	음… 스포츠카에 빠져 있나?
마유	틀렸어! 난…
나	나한테 빠져 있다 하지마. 얼굴 때릴 거니까.
마유	트…트럭에 빠져 있…

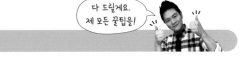

다 드릴게요.
제 모든 꿀팁을!

🎁 마유의 달콤 꿀팁!

'누군가에게 빠져 있다' 시리즈의 종착역은 바로 짝사랑입니다. 짝사랑은 영어로 crush라고 합니다. 이것만 알면 의미가 없죠? 그래서 have a crush(짝사랑하다)를 알아 둬야 합니다. 심지어 누구를 짝사랑하는지 목적어를 쓰려면 on을 추가하면 됩니다.

I **have a crush on** my math teacher.   난 우리 수학 선생님을 짝사랑하고 있어.
I used to **have a crush on** you.   난 널 짝사랑하곤 했어.

crush는 동사로 '으스러지다'라는 뜻이에요. 마음이 으스러져 있다는 느낌으로 익혀도 좋겠습니다.

① 난 이 향수에 빠져 있어.　　　I am into this perfume.

② 내 아들은 힙합에 빠져 있어.

③ 내 생각엔 내가 Daisy에게 빠져 있는 거 같아.

④ 우린 그들의 새로운 노래에 빠져 있어.

⑤ 우리 어머니는 George Clooney에게 빠져 있어.

⑥ 난 이 댄서에게 빠져 있지 않아.

⑦ 넌 정말 내게 빠져 있니?

⑧ 난 네가 우리 형에게 빠져 있다고 생각했어.

⑨ 난 이 시인과 사랑에 빠져 있어.

⑩ 그들은 마유의 책과 사랑에 빠져 있어.

퀴즈 정답

2 – My son is into hip hop.

3 – I think I am into Daisy.

4 – We are into their new song.

5 – My mother is into George Clooney.

6 – I am not into this dancer.

7 – Are you really into me?

8 – I thought you were into my brother.

9 – I am in love with this poet.

10 – They are in love with Mayu's book.

이제 영어로 말할 수 있어요.

The guy is into you.
그 남자 너한테 빠져 있어.

3 소개 받고 싶은 걸 표현하는
set + 사람 + up with + 다른 사람 ▶ 사용 설명서

 틀려도 되니까 영어로 말해 봐요.

나 좀 네 친구랑 엮어 줘.

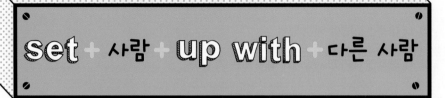

해석 '사람'을 '다른 사람'과 엮어 주다

사용법 **1** | set up을 직역하면 '엮어 주다', 쉽게 말해 '소개하다'란 의미입니다.

Hey! **Set** me **up with** your cousin! 야! 나 좀 네 사촌이랑 엮어 줘!

I **set** her **up with** my best friend. 난 그녀를 내 가장 친한 친구랑 엮어 줬어.

Can you **set** me **up with** someone? 날 좀 누군가에게 소개해 줄 수 있니?

사용법 **2** | 같은 의미로 fix up이 있습니다.

I **fixed** him **up with** someone I know. 난 그를 내 지인과 엮어 줬어.

I am willing to **fix** you **up with** Jenny. 난 널 Jenny와 엮어 줄 의향이 있어.

사용법 **3** | introduce someone to someone else를 써도 이런 의미를 연출할 수는 있지만, 이성 관계를 떠나 단순한 사람과 사람 간의 '소개'라는 의미로 쓸 때가 더 많습니다.

원어민 발음 듣기

- I **set** him **up with** my co-worker.
  난 그를 내 직장 동료랑 엮어 줬어.

- I want to **set** you **up with** someone.
  난 널 누군가와 엮어 주고 싶어.

- She **set** me **up with** her sister.
  그녀는 날 그녀의 언니와 엮어 줬어.

- Why don't you **set** me **up with** Eddie?
  날 Eddie랑 엮어 주는 게 어때?

- Did you **set** her **up with** Robin?
  네가 그녀를 Robin이랑 엮어 줬니?

- Come on! **Fix** me **up with** her!
  왜 이래! 날 그녀랑 좀 엮어 줘!

- I can **fix** you **up with** my brother.
  내가 널 우리 형이랑 엮어 줄 수 있어.

- I **fixed** her **up with** one of my friends.
  내가 그녀를 내 친구들 중 한 명이랑 엮어 줬어.

- Lily **fixed** me **up with** John.
  Lily가 날 John과 엮어 줬어.

- I can **fix** you **up with** that girl.
  내가 널 저 여자애랑 엮어 줄 수 있어.

I can set you up with my brother.

Me	Oh, my God! Do you see that girl right there?
Mayu	Oh, that's Annie. I wonder what she's doing here.
Me	Wait. Wait… Do you know her? What are you doing? **Set** me **up with** her already!
Mayu	I can't. She's my girlfriend.

나	오, 맙소사! 너 저기 있는 저 여자애 보여?
마유	아, 쟤 Annie야. 쟤가 여기서 뭘 하고 있는지 모르겠네.
나	잠깐. 잠깐… 너 쟤 알아? 뭐하고 있는 거야? 어서 나 좀 쟤랑 엮어 줘!
마유	못 엮어 줘. 쟤 내 여자 친구야.

 마유의 달콤 꿀팁!

누군가를 소개해 준다는 표현을 set up / fix up이라고 배웠습니다. 조금 더 slang에 가까운 표현이 하나 있는데 비교적 나이가 어린 사람들이 많이 씁니다. 바로, hook up이란 표현이에요.

Hook me **up with** your friend! 나 좀 네 친구랑 엮어 줘!
I can **hook** you **up with** Eugene. 내가 널 Eugene이랑 엮어 줄 수 있어.

hook 자체가 '갈고리로 걸다'란 의미이니까 두 명을 서로 갈고리로 연결시킨다고 생각하면 쉽죠?

① 난 그를 Kelly와 엮어 줬어.　　**I set him up with Kelly.**

② 난 널 내 가장 친한 친구와 엮어 주고 싶어.

③ 그는 날 그의 형과 엮어 줬어.

④ 날 그 가수와 엮어 주는 게 어때?

⑤ 네가 그녀를 내 조카랑 엮어 줬니?

⑥ 나 좀 누군가와 엮어 줘!

⑦ 내가 널 Mike의 친구랑 엮어 줄 수 있어.

⑧ 내가 그녀를 내 학생들 중 한 명이랑 엮어 줬어.

⑨ Wendy가 날 Ron과 엮어 줬어.

⑩ 내가 널 저 남자랑 엮어 줄 수 있어.

🔒 퀴즈 정답

2 – I want to set you up with my best friend.

3 – He set me up with his brother.

4 – Why don't you set me up with the singer?

5 – Did you set her up with my nephew?

6 – Fix[Set] me up with someone!

7 – I can fix[set] you up with Mike's friend.

8 – I fixed[set] her up with one of my students.

9 – Wendy fixed[set] me up with Ron.

10 – I can fix[set] you up with that guy.

 이제 영어로 말할 수 있어요.

Set me up with your friend.
나 좀 네 친구랑 엮어 줘.

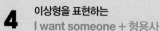

틀려도 되니까 영어로 말해 봐요.
난 로맨틱한 사람을 원해.

I want someone + 형용사

해석 난 '형용사'한 사람을 원해

사용법 **1**

형용사로 원하는 사람을 표현할 수 있습니다.
➡「I want someone + 형용사」= 난 '형용사'한 사람을 원해

I want someone <u>gentle</u>. 난 젠틀한 사람을 원해.

I want someone <u>smart</u>. 난 똑똑한 사람을 원해.

사용법 **2**

명사로 표현할 수도 있습니다.
➡「I want someone with + 명사」= 난 '명사'를 가진 사람을 원해

I want someone with <u>courage</u>. 난 용기를 가진 사람을 원해.

사용법 **3**

동사로 표현할 수도 있습니다.
➡「I want someone who + 동사」= 난 '동사'하는 사람을 원해

I want someone who <u>works</u> hard. 난 열심히 일하는 사람을 원해.

I want someone who <u>loves</u> animals. 난 동물을 사랑하는 사람을 원해.

원어민 발음 듣기

- **I want someone** funny.
  난 웃긴 사람을 원해.

- **I want someone** tall.
  난 키가 큰 사람을 원해.

- **I want someone** passionate.
  난 열정적인 사람을 원해.

- **I want someone** rich.
  난 부유한 사람을 원해.

I want someone who will truly love me.

- **I want someone** honest.
  난 정직한 사람을 원해.

- **I want someone** with a job.
  난 직업을 가진 사람을 원해.

- **I want someone** with power.
  난 권력을 가진 사람을 원해.

- **I want someone** who is wise.
  난 현명한 사람을 원해.

- **I want someone** who believes in love.
  난 사랑을 믿는 사람을 원해.

- **I want someone** who will love me forever.
  난 영원히 날 사랑할 사람을 원해.

Mayu	I don't understand why I'm still single.
Me	Maybe you have high standards.
Mayu	No, I really don't. **I** just **want someone** cute, lovely, and pretty. **I** also **want someone** who has a lot of money. Oh! **I** also **want someone** with a sense of style. That's all.
Me	You're clearly out of your mind.

마유	내가 왜 아직도 싱글인지 이해가 안 가네.
나	네가 눈이 높은가 보지.
마유	아냐, 진짜 안 높아. 난 그냥 귀엽고, 사랑스럽고, 예쁜 사람을 원해. 그리고 돈 많은 사람도 원하고. 아! 스타일 감각 있는 사람도 원하고. 그게 다야.
나	네가 정신이 나간 게 확실하구나.

다 드릴게요.
제 모든 꿀팁을!

 마유의 달콤 꿀팁!

이상형과 관련된 쓸만한 어휘 좀 살펴볼까요?

- my ideal type: 내 이상형
- my type: 내 스타일 (사람에겐 '스타일'이 아니라 '타입'이라고 함)
- a sense of style / a sense of fashion: 패션 감각
- a girl/man of my dreams: 내가 꿈꾸던 여자/남자
- a turn-off: 깨는 행동/부분
- picky: 눈이 높은

① 난 귀여운 사람을 원해.　I want someone cute.

② 난 조용한 사람을 원해.

③ 난 유머러스한 사람을 원해.

④ 난 강한 사람을 원해.

⑤ 난 터프한 사람을 원해.

⑥ 난 꿈을 가진 사람을 원해.

⑦ 난 돈을 가진 사람을 원해.

⑧ 난 매너를 가진 사람을 원해.

⑨ 난 스스로를 사랑하는 사람을 원해.

⑩ 난 스스로를 돌보는 사람을 원해.

퀴즈 정답

2 – I want someone quiet.

3 – I want someone humorous.

4 – I want someone strong.

5 – I want someone tough.

6 – I want someone with dreams.

7 – I want someone with money.

8 – I want someone with manners.

9 – I want someone who loves herself[himself].

10 – I want someone who takes care of herself[himself].

 이제 영어로 말할 수 있어요.

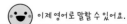
I want someone romantic.
난 로맨틱한 사람을 원해.

틀려도 되니까 영어로 말해 봐요.

난 내 강아지와 사랑에 빠져 있어.

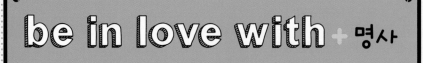

be in love with + 명사

해석 '명사'와 사랑에 빠져 있다

사용법 1 **be in love**을 직역하면 '사랑 안에 들어가 있다'인데 의역하면 '사랑에 빠져 있다'가 됩니다. 사랑에 빠지는 동작이 아니라 이미 사랑에 빠져 있는 '상태'를 강조할 때 사용하세요.

I am in love. 난 사랑에 빠져 있어.

We are in love. 우린 사랑에 빠져 있어.

사용법 2 뒤에 **with**를 추가하여 누구와 사랑에 빠져 있는지 표현하세요.

I am in love with my best friend. 난 내 가장 친한 친구와 사랑에 빠져 있어.

사용법 3 명사 자리에 사람 외의 것도 넣을 수 있습니다.

My boyfriend is in love with his sports car.
내 남자 친구는 그의 스포츠카와 사랑에 빠져 있어.

My girlfriend is in love with her career.
내 여자 친구는 그녀의 커리어와 사랑에 빠져 있어.

원어민 발음 듣기

- I **am in love with** Brian.
  난 Brian과 사랑에 빠져 있어.

- My friend **is in love with** her boyfriend.
  내 친구는 그녀의 남자 친구와 사랑에 빠져 있어.

- I **am in love with** a firefighter.
  난 소방관과 사랑에 빠져 있어.

- He **is in love with** his new car.
  그는 그의 새 차와 사랑에 빠져 있어.

- Juliet **is in love with** the wrong guy.
  Juliet은 잘못된 남자와 사랑에 빠져 있어.

- **Are** you **in love with** Greg?
  넌 Greg과 사랑에 빠져 있니?

- **Are** you **in love with** someone else?
  넌 다른 누군가와 사랑에 빠져 있니?

- **Is** she **in love with** a musician?
  그녀는 음악가와 사랑에 빠져 있니?

- I think she **is in love with** your friend.
  내 생각에 그녀는 네 친구와 사랑에 빠져 있는 거 같아.

- I **am** not **in love with** anyone.
  난 누구와도 사랑에 빠져 있지 않아.

I'm in love with BTS!

Mayu	What's wrong? You look confused.
Me	I'm in love.
Mayu	Wow! Good for you!
Me	The thing is that I'm in love with my best friend.
Mayu	That's even better! You two will have fun constantly.
Me	Hmm. I never thought about it that way.

마유	무슨 문제야? 혼란스러워 보이는데.
나	나 사랑에 빠져 있어.
마유	와! 잘됐네!
나	문제는 가장 친한 친구랑 사랑에 빠져 있다는 거야.
마유	심지어 더 잘됐네! 둘이 끊임없이 즐거울 거잖아.
나	흠. 그렇게는 절대 생각 안 해봤네.

다 드릴게요.
제 모든 꿀팁을!

🎁 **마유의 달콤 꿀팁!**

be in love은 이미 사랑에 빠진 '상태'를 강조합니다. 단 사랑에 빠지는 그 순간의 '동작'을 강조하려면 be동사 대신 fall을 쓰세요. 그러면 '사랑에 빠져 있다'에서 '사랑에 빠지다'로 바뀌죠. '난 어제 그녀와 사랑에 빠졌다. 그래서 지금 그녀와 사랑에 빠진 상태다'를 영작하면 다음과 같습니다.

I fell in love with her yesterday. So, I am in love with her now.

I fall in love with her now. 난 지금 그녀와 사랑에 빠진다. → 어색

We were in love when we first met. 우린 처음 만났을 때 사랑에 빠져 있었다. → 어색

① 우린 사랑에 빠져 있어.   We are in love.

② 난 너희 언니와 사랑에 빠져 있어.

③ 우리 형은 그의 여자 친구와 사랑에 빠져 있어.

④ 난 간호사와 사랑에 빠져 있어.

⑤ 그녀는 이 로맨틱한 영화와 사랑에 빠져 있어.

⑥ 그들은 서로 사랑에 빠져 있어.

⑦ 넌 그 치과의사와 사랑에 빠져 있니?

⑧ 그들은 사랑에 빠져 있니?

⑨ 내 생각엔 내가 너와 사랑에 빠져 있는 거 같아.

⑩ 난 Joy의 사촌과 사랑에 빠져 있어.

퀴즈 정답

2 – I am in love with your sister.

3 – My brother is in love with his girlfriend.

4 – I am in love with a nurse.

5 – She is in love with this romantic movie.

6 – They are in love with each other.

7 – Are you in love with the dentist?

8 – Are they in love?

9 – I think I am in love with you.

10 – I am in love with Joy's cousin.

 이제 영어로 말할 수 있어요.

I'm in love with my dog.
난 내 강아지와 사랑에 빠져 있어.

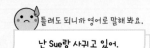

틀려도 되니까 영어로 말해 봐요.

난 Sue랑 사귀고 있어.

go out with + 사람

└─ 해석 '사람'과 사귀다

---

 1 go out은 문맥에 따라 사귄다는 뜻이 될 수도 있고 단순히 친구끼리 논다는 뜻이 될 수도 있습니다. 뒤에 with를 추가하여 누구와 사귀는 지 말할 때 사용하세요.

Are you two **going out**? 너희 둘 사귀고 있니?

Olivia is **going out with** Brandon. Olivia는 Brandon과 사귀고 있어.

---

 2 go out은 '데이트한다'라는 뜻이 될 수도 있습니다. 데이트라는 걸 좀 더 확실히 강조하고 싶다면 뒤에 on a date을 추가해서 사용하세요.

We **went out** last weekend. 우리 지난 주말에 데이트를 했어.

Amy and I **went out on a date**. Amy와 난 데이트를 했어.

---

 3 be in a relationship은 '연애 중'이라는 뜻이며 조금 더 형식적인 느 낌을 줍니다. 마찬가지로 뒤에 with를 추가해서 사용할 수 있습니다.

I **am in a relationship**. 전 연애 중입니다.

Lila **is in a relationship with** someone. Lila는 누군가와 연애 중이야.

- **We are going out.**
  우리 사귀고 있어.

원어민 발음 듣기

- **I am going out with Leslie.**
  난 Leslie랑 사귀고 있어.

- **I didn't know you guys were going out.**
  난 너희가 사귀고 있는지 몰랐어.

- **I can't believe you two are going out.**
  난 너희 둘이 사귀고 있다니 못 믿겠어.

- **We went out on a date last night.**
  우린 어젯밤에 데이트를 했어.

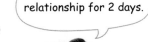
We've been in a relationship for 2 days.

- **Did you go out on a date with Rena?**
  너 Rena랑 데이트했니?

- **Let's go out tonight.**
  오늘 밤에 나가 놀자.

- **My sister is in a relationship with someone I know.**
  우리 언니는 내가 아는 사람이랑 연애 중이야.

- **She is already in a relationship.**
  그녀는 이미 연애 중이야.

- **Are you in a relationship?**
  넌 연애 중이니?

Mayu	**I'm in a relationship with** someone you know.
Me	No way! Who is it?
Mayu	I can't tell you that but we've been **going out** for 3 years.
Me	Come on! Who's your girlfriend?
Mayu	Your sister.
Me	No way! Break up with her right now!

마유	나 네가 아는 사람이랑 연애 중이야.
나	말도 안 돼! 누구인데?
마유	그건 말해 줄 수 없는데 우리 3년간 사귀어 오고 있어.
나	왜 이래! 네 여자 친구가 누구인데?
마유	네 여동생.
나	절대 안 돼! 그애랑 당장 헤어져!

다 드릴게요.
제 모든 꿀팁을!

🎁 마유의 달콤 꿀팁!

be together라는 표현도 사귄다는 의미이긴 해요. 하지만 이 표현은 대부분 have been together의 시제로 씁니다. 대부분 얼마나 사귄 상태인지 그 '기간'을 표현할 때 사용하기 때문입니다.

We **have been together** for 6 months. 저희는 6개월간 사귀어 오고 있어요.

How long **have** you guys **been together** (for)? 너희는 얼마간 사귀어 왔니?

go out으로도 표현할 수 있는데, 이때는 have been going out의 시제로 씁니다.

We **have been going out** for 5 years. 저희는 5년간 사귀어 오고 있어요.

① 그들은 사귀고 있어. They are going out.

② 난 Kenny랑 사귀고 있어.

③ 너희 정말 사귀고 있니?

④ 난 네가 Brandon의 형과 사귀고 있다는 걸 못 믿겠어.

⑤ 우린 어제 데이트를 했어.

⑥ 너 Warren이랑 데이트했니?

⑦ 이번 주말에 나가 놀자.

⑧ 제 아들은 연애 중이에요.

⑨ 너 지금 연애 중이니?

⑩ 내 딸은 바리스타와 연애 중이야.

퀴즈 정답

2 – I am going out with Kenny.

3 – Are you guys really going out?

4 – I can't believe you are going out with Brandon's brother.

5 – We went out on a date yesterday.

6 – Did you go out on a date with Warren?

7 – Let's go out this weekend.

8 – My son is in a relationship.

9 – Are you in a relationship now?

10 – My daughter is in a relationship with a barista.

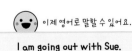 이제 영어로 말할 수 있어요.

I am going out with Sue.
난 Sue랑 사귀고 있어.

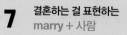

7 결혼하는 걸 표현하는
marry + 사람

사용 설명서

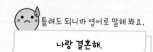

marry + 사람

해석 '사람'과 결혼하다

 marry는 이미 '~와'라는 의미가 들어간 표현입니다. 그렇기 때문에
marry 뒤에 **with**를 써버리면 '~와와 결혼하다'가 되어버립니다.

Marry with me. (×) ➜ **Marry** me. (○)

She **married** a romantic man. 그녀는 로맨틱한 남자와 결혼했어.

He **married** a teacher. 그는 선생님과 결혼했어.

 이렇듯 **marry**는 결혼하는 상대를 추가하지 않으면 어색할 수 있습니다.
결혼하는 상대를 굳이 쓰고 싶지 않을 땐 **get married**를 사용하세요.

Let's marry. ➜ Let's **get married**. 결혼하자.

We **got married** last month. 우린 지난달에 결혼했어.

When did you guys **get married**? 너희 언제 결혼했니?

 이미 결혼한 상태를 표현할 땐 **be married**를 사용하세요.

We get married. 우리 결혼한다. ➜ We **are married**. 우린 결혼한 상태야.

- **Please, marry me!**
  나랑 결혼해 줘!

원어민 발음 듣기

- **I want to marry you.**
  난 너랑 결혼하고 싶어.

- **I can't marry you.**
  난 너랑 결혼 못 해.

- **Tina married a designer.**
  Tina는 디자이너와 결혼했어.

- **Let's get married in May.**
  5월에 결혼하자.

I want to marry my dad.
He's the only perfect man!

- **I got married last week.**
  난 지난주에 결혼했어.

- **We are going to get married next year.**
  우린 내년에 결혼할 거야.

- **I don't want to get married.**
  난 결혼하고 싶지 않아.

- **Are you married?**
  당신은 결혼한 상태인가요?

- **I am not married yet.**
  난 아직 결혼한 상태가 아니야.

Mayu	I've been waiting for this moment.
Me	Wait... Are you...
Mayu	Will you **marry** me?
Me	Oh, my God. I can't believe this.
Mayu	Can I take that as a yes?
Me	Yes!

마유	이 순간을 기다려 왔어.
나	잠깐… 너…
마유	나랑 결혼해 줄래?
나	오, 맙소사. 못 믿겠어.
마유	'예스'라고 받아들여도 돼?
나	응!

다 드릴게요.
제 모든 꿀팁을!

마유의 달콤 꿀팁!

'결혼한다'는 표현 중에 좀 특별한 표현이 두 개 있어요.

a. tie the knot 매듭을 매다 ➡ 결혼하다

b. walk down the aisle 통로를 따라 걷다 ➡ 결혼하다

walk down the aisle에서 aisle은 결혼식장에서 신랑과 신부가 걷는 길을 말합니다.

또 하나. get married는 결혼 상대를 말하지 않을 때 쓴다고 했는데 사실 쓸 수도 있어요. 다만, to를 함께 써 줘야 합니다.(왠지 with를 써야 할 것 같지만)

I **got married to** my wife 10 years ago. 난 내 아내와 10년 전에 결혼했어.

① 그녀와 결혼하지 마. 😮 Don't **marry** her.

② 난 내 여자 친구와 결혼하고 싶어.

③ 난 그녀와 결혼 못 해.

④ Andrew는 모델과 결혼했어.

⑤ 11월에 결혼하자.

⑥ 우린 지난 주말에 결혼했어.

⑦ 내 아들은 결혼하고 싶어하지 않아.

⑧ 우린 곧 결혼할 거야.

⑨ 그는 결혼한 상태니?

⑩ 우린 아직 결혼한 상태가 아니야.

퀴즈 정답

2 – I want to marry my girlfriend.

3 – I can't marry her.

4 – Andrew married a model.

5 – Let's get married in November.

6 – We got married last weekend.

7 – My son doesn't want to get married.

8 – We are going to get married soon.

9 – Is he married?

10 – We are not married yet.

 이제 영어로 말할 수 있어요.

Marry me.
나랑 결혼해.

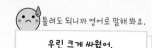

틀려도 되니까 영어로 말해 봐요.

우린 크게 싸웠어.

have a fight with + 사람

> **해석** '사람'과 싸우다

사용법 1   **have a fight**은 **fight**을 동사로 쓴 것과 비슷합니다. 연애 관계에서는 보통 말싸움으로 받아들입니다. 심하게 싸웠다면 **big** 등을 추가하여 사용하세요.

We **had a fight**.   우린 싸웠어.

We **had a big fight**.   우리 엄청 싸웠어.

사용법 2   누구와 싸웠는지는 **with**와 함께 추가할 수 있습니다.

I **had a fight with** my girlfriend.   난 내 여자 친구와 싸웠어.

사용법 3   말싸움임을 더욱 확실히 하려면 **have an argument**를 쓰면 됩니다. 동사 **argue**를 써도 좋습니다.

We **had an argument**.   우린 말싸움을 했어.

I **had an argument with** my boyfriend.   난 내 남자 친구와 말싸움을 했어.

I **argued with** him.   난 그와 말싸움을 했어.

원어민 발음 듣기

- **They had a big fight.**

  그들은 엄청 싸웠어.

- **My boyfriend and I had a fight.**

  내 남자 친구와 난 싸웠어.

- **I had a fight with my wife.**

  난 내 아내와 싸웠어.

- **Danny had a fight with his girlfriend again.**

  Danny는 그의 여자 친구와 또 싸웠어.

- **Did you two have a fight?**

  너희 둘 싸웠니?

- **We had a big argument.**

  우린 엄청 말싸움했어.

- **Did you have an argument with your girlfriend?**

  넌 네 여자 친구와 말싸움했니?

- **I had an argument with my husband.**

  난 내 남편과 말싸움했어.

- **We argued last night.**

  우린 어젯밤에 말싸움했어.

  > Leave me alone. I don't want to argue with you.

- **I don't want to argue with you.**

  난 너와 말싸움하고 싶지 않아.

Mayu	You look so angry.
Me	I **had a big argument with** my boyfriend.
Mayu	Oh, no. Did you guys **have a fight** again? What happened?
Me	He got mad because I talked to Carl. He hangs out with girls all the time, too!

마유	너 엄청 화나 보인다.
나	남자 친구랑 말싸움을 크게 했어.
마유	오, 이런. 너희 또 싸웠니? 무슨 일이었는데?
나	내가 Carl이랑 얘기를 해서 화를 냈어. 자기도 여자들이랑 매번 놀면서!

다 드릴게요. 제 모든 꿀팁을!

 마유의 달콤 꿀팁!

말싸움이 아니라 주먹 싸움일 경우에는 fist fight이란 걸 씁니다.(단순히 fight만으로도 문맥에 따라 말싸움인지 주먹 싸움인지 파악하는 경우가 대부분이긴 함)

I had a **fist fight** with a stranger. 난 낯선 사람과 주먹 싸움을 했어.

Don't get into a **fist fight**. 주먹 싸움에 휘말리지 마.

싸울 때 가장 많이 하는 건 아무래도 소리 지르는 것이죠? 이럴 땐 보통 yell을 쓰는 데 at과 함께 써야 소리 지르는 대상을 추가할 수 있습니다.

Stop **yelling at** me! 내게 그만 소리 질러!

① 우리 부모님은 엄청 싸웠어.   My parents **had a big fight**.

② 내 약혼녀와 난 싸웠어.

③ 난 우리 언니와 싸웠어.

④ Josh는 그의 아내와 또 싸웠어.

⑤ 너희 둘 또 싸웠니?

⑥ 우리 엄마와 아빠는 말싸움했어.

⑦ 넌 네 친구와 말싸움했니?

⑧ 난 내 상사와 말싸움했어.

⑨ 우린 오늘 말싸움했어.

⑩ 난 더 이상 너와 말싸움하고 싶지 않아.

퀴즈 정답

2 – My fiancée and I had a fight.

3 – I had a fight with my sister.

4 – Josh had a fight with his wife again.

5 – Did you two have a fight again?

6 – My mom and dad had an argument.

7 – Did you have an argument with your friend?

8 – I had an argument with my boss.

9 – We argued today.

10 – I don't want to argue with you anymore.

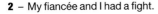

· have an argument = argue (혼용 가능)

이제 영어로 말할 수 있어요.

We had a big fight.
우린 크게 싸웠어.

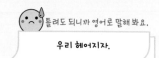
틀려도 되니까 영어로 말해 봐요.

우리 헤어지자.

break up with + 사람

> **해석** '사람'과 헤어지다

 사용법 1
break up은 '사이가 부러지다'라는 뜻으로 결국 헤어진다는 표현입니다. with를 추가하여 누구와 헤어지는지 표현할 때 사용하세요.

Let's break up. 우리 헤어지자.

I broke up with Christina. 난 Christina와 헤어졌어.

We already broke up. 우린 이미 헤어졌어.

 사용법 2
split up도 '사이가 갈라지다'라는 뜻으로 헤어진다는 표현입니다. 이것은 좀 진지한 관계(결혼, 약혼, 오래 사귄 성인)에서 결별했다는 의미에 더 가깝습니다. 과거형과 p.p.형도 전부 split임에 주의하세요.

We split up. 우린 헤어졌어.

He decided to split up with her. 그는 그녀와 헤어지기로 결정했어.

 사용법 3
break up 대신 break it off란 표현도 있습니다.

Break it off immediately. 당장 헤어지세요.

- Jen and Ben **broke up**.
  Jen과 Ben은 헤어졌어.

원어민 발음 듣기

- The singer **broke up with** her boyfriend.
  그 가수는 그녀의 남자 친구와 헤어졌어.

- We can't **break up** now.
  우린 지금은 헤어질 수 없어.

- I don't want to **break up with** you.
  난 너와 헤어지고 싶지 않아.

- We **broke up** two weeks ago.
  우린 2주 전에 헤어졌어.

- Do you want to **break up with** me?
  넌 나와 헤어지고 싶니?

- When did you guys **break up**?
  너희는 언제 헤어졌니?

- Why did you **break up with** Sam?
  넌 왜 Sam과 헤어졌니?

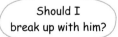

Should I break up with him?

- He **split up with** his fiancée.
  그는 그의 약혼녀와 결별했어.

- His parents **split up** 2 years ago.
  그의 부모님은 2년 전에 결별했어.

Me	What should I do? My boyfriend wants to **break up with** me.
Mayu	What did he say?
Me	He just said he needs space.
Mayu	What a pathetic excuse! You know what? He doesn't deserve you.

나	나 어떡하지? 내 남자 친구가 나랑 헤어지고 싶어 해.
마유	남자 친구가 뭐라고 했는데?
나	그냥 자기만의 여유가 필요하대.
마유	완전 형편없는 변명이네! 있잖아. 걔는 널 만날 자격이 안돼.

다 드릴게요.
제 모든 꿀팁을!

🎁 마유의 달콤 꿀팁!

'우린 끝이야!'는 영어로 어떻게 할까요?

a. It's over! ⇒ We are over.가 아님

b. We're through!

c. I am through with you!

팁 하나 더. 이혼한다는 의미의 divorce를 사용할 때는 marry와 date이란 동사와 마찬가지로 뒤에 with를 추가하지 않습니다. 참 아이러니죠?

Dana **divorced with** her husband. (✕) ⇒ Dana **divorced** her husband. (○)

목적어 없이 그냥 이혼한다고 쓴다면 get a divorce를 씁니다.

They **got a divorce**. 그들은 이혼했어.

① 그 간호사와 그 의사는 헤어졌어. The nurse and the doctor **broke up**.

② 그 배우는 그의 여자 친구와 헤어졌어.

③ 넌 그녀와 헤어져야만 해.

④ 난 Manny와 헤어지고 싶지 않아.

⑤ 그들은 20년 전에 헤어졌어.

⑥ 넌 헤어지고 싶니?

⑦ 그들은 언제 헤어졌니?

⑧ 그는 왜 너희 언니와 헤어졌니?

⑨ 그녀는 그녀의 약혼남과 결별했어.

⑩ 넌 Todd와 결별할 거니?

🔓 퀴즈 정답

2 – The actor broke up with his girlfriend.

3 – You have to break up with her.

4 – I don't want to break up with Manny.

5 – They broke up 20 years ago.

6 – Do you want to break up?

7 – When did they break up?

8 – Why did he break up with your sister?

9 – She split up with her fiancé.

10 – Are you going to split up with Todd?

이제 영어로 말할 수 있어요.

Let's break up.
우리 헤어지자.

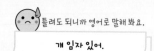
틀려도 되니까 영어로 말해 봐요.
개 임자 있어.

해석 싱글인

사용법 **1**
single은 기존 챕터에서 이미 가볍게 다룬 부분입니다. single이란 말은 애인이 없다는 말이 될 수도 있고, 미혼이란 말이 될 수도 있습니다. single은 형용사로 씁니다. 신기하게도 여러 명은 복수 명사로 쓸 수 있습니다.

I am a single. (×) → I am single. (○)

Are you still single? 넌 아직 싱글이니?

I know many singles. 난 싱글들을 많이 알아.

This table is for singles. 이 테이블은 싱글들을 위한 겁니다.

사용법 **2**
임자가 있다는 식의 위트있는 표현은 taken이라고 합니다.

He is already taken. 그는 이미 임자가 있어.

사용법 **3**
연애하기 전 서로 알아가는 단계 혹은 연예 초기 정도라면 see하고 있다고 표현합니다.

Are you seeing anyone? 너 만나 보고 있는 사람 있니?

원어민 발음 듣기

- **I am still single.**

  난 여전히 싱글이야.

- **Is your friend single?**

  네 친구는 싱글이니?

- **I don't want to be single anymore.**

  난 더 이상 싱글이고 싶지 않아.

- **He has been single for 10 years.**

  그는 10년간 싱글이어 왔어.

- **This party is for singles only.**

  이 파티는 싱글들만을 위한 거야.

- **Who is single here?**

  여기 싱글이 누구죠?

- **There are many singles at the bar.**

  그 바에 많은 싱글들이 있어.

I can't believe he's not single anymore.

- **Joshua is already taken.**

  Joshua는 이미 임자가 있어.

- **I am not seeing anyone.**

  난 아무도 안 만나 보고 있어.

- **I think Cindy is seeing someone.**

  내 생각엔 Cindy가 누군가 만나 보고 있는 거 같아.

Me	Hey, are you **seeing** anyone?
Mayu	I've been **single** for the last 20 years.
Me	I can hook you up with my friend.
Mayu	Oh, I love you, my friend!
Me	She's also been **single** for the last 30 years.
Mayu	Oh...

나	야, 너 만나 보고 있는 사람 있어?
마유	나 지난 20년간 싱글이어 왔는데.
나	내가 내 친구 소개해 줄 수 있어.
마유	오, 사랑해, 내 친구!
나	걔도 지난 30년간 싱글이어 왔어.
마유	아…

다 드릴게요.
제 모든 꿀팁을!

 마유의 달콤 꿀팁!

play the field라는 표현이 있습니다. 이 사람 저 사람 만나 본다는 의미인데요, 반드시 동시에 여러 사람을 만나는 걸(바람 피움) 뜻하진 않습니다. 결혼 상대를 만나기 위해 이 사람 저 사람 만나 보고 있다는 뜻도 될 수도 있습니다.

A: Aren't you going to get married? 너 결혼 안 할거야?

B: Well, I'm just **playing the field** for now. 지금으로서는 그냥 이 사람 저 사람 만나 보고 있어.

또한, taken의 경우는 위트있게 하는 표현이기 때문에 실제로는 단순히 have a girlfriend/boyfriend의 형식을 더 많이 씁니다.

① 우리 선생님은 여전히 싱글이야.   My teacher is still single.

② 네 남자 조카는 싱글이니?

③ 넌 왜 여전히 싱글이니?

④ Annie는 3년간 싱글이어 왔어.

⑤ 난 거기에서 많은 싱글들을 봤어.

⑥ 내 여자 조카는 싱글이 아니야.

⑦ 우리 팀에 많은 싱글들이 있어.

⑧ 제 친구는 이미 임자가 있어요.

⑨ 내 룸메이트는 아무도 안 만나 보고 있어.

⑩ 내 생각엔 네가 누군가 만나 보고 있는 거 같아.

퀴즈 정답

2 – Is your nephew single?

3 – Why are you still single?

4 – Annie has been single for 3 years.

5 – I saw many singles there.

6 – My niece is not single.

7 – There are many singles in our team.

8 – My friend is already taken.

9 – My roommate is not seeing anyone.

10 – I think you are seeing someone.

이제 영어로 말할 수 있어요.

She/He is taken.

걔 임자 있어.

미국 사람들이 가장 많이 쓰는

── 영어회화 ──

코어 패턴

50

학습한 패턴을 다시 한 번 확인해 보세요!

I quit my job! Yay!

I'm not really pretty.
I am GORGEOUS!

1 **be동사** + 명사/형용사 '명사'야 / '형용사'해

2 **현재 동사** '현재 동사'한다

3 **과거 동사** '과거 동사'했다

4 **used to** + 동사원형 '동사원형'하곤 했다

5 **be동사 ~ing** '~ing'하고 있다

6 **will** + 동사원형 '동사원형'할 거야('할게, 할래)

7 **be going to** + 동사원형 '동사원형'할 것이다

8 **want to** + 동사원형 '동사원형'하고 싶다

9 **동사원형** '동사원형'해라

10 **Let's** + 동사원형 '동사원형'하자

1 **start** + ~ing '~ing'하기 시작하다

2 **keep** + ~ing 계속 '~ing'하다

3 **stop** + ~ing '~ing'하는 걸 멈추다

4 **like** + ~ing '~ing'하는 걸 좋아하다

5 **feel like** + ~ing '~ing'하고 싶은 기분이다

6 **~ing** '~ing'하며

7 **to** + 동사원형 '동사원형'하기 위해

8 **Why don't you/we** + 동사원형? 너/우리 '동사원형'하는 게 어때?

9 **had better** + 동사원형 '동사원형'하는 게 좋을 거다

10 **want** + 목적어 + **to** + 동사원형 '목적어'가 '동사원형'하길 원하다

단어 같다고 **무시했다가는 망하는 패턴**

1 **possibly** 혹시

2 **not really** 별로 아닌

3 **at all** 조금이라도

4 **at least** 적어도

5 **too/either** 마찬가지로

6 **right?** 그렇지?

7 **actually** 사실상

8 **anyway** 어차피

9 **first** 먼저

10 **at first** 처음에는

문장만 추가하면 **만사 오케이 패턴**

1 **I hope** + 평서문 '평서문'이길 바라

2 **I think** + 평서문 난 '평서문'이라고 생각해

3 **I'm sure** + 평서문 분명히 '평서문'일 거야

4 **I'm not sure if** + 평서문 '평서문'인지 확신이 없어

5 **I'm glad** + 평서문 '평서문'이라 다행이야

6 **It's no wonder** + 평서문 '평서문'인 게 당연하네

7 **There's no way** + 평서문 '평서문'일 리가 없어

8 **I hate when** + 평서문 '평서문'일 때 싫어

9 **I'm not saying** + 평서문 '평서문'이라는 말이 아니야

10 **What if** + 평서문? '평서문'이면 어떡하지?

연애 잘하게 해주는 **사랑 패턴**

1 **like** + 사람   좋아하다

2 **be into** + 사람   '사람'에게 빠져 있다

3 **set** + 사람 + **up with** + 다른 사람   '사람'을 '다른 사람'과 엮어 주다

4 **I want someone** + 형용사   난 '형용사'한 사람을 원해

5 **be in love with** + 명사   '명사'와 사랑에 빠져 있다

6 **go out with** + 사람   '사람'과 사귀다

7 **marry** + 사람   '사람'과 결혼하다

8 **have a fight with** + 사람   '사람'과 싸우다

9 **break up with** + 사람   '사람'과 헤어지다

10 **single**   싱글인

I have feelings for Mayu.

MEMO